AF306315

HISTOIRE

DE

NAPOLEON BUONAPARTE,

Avec les Portraits du caractère de ses Lieutenans, des Sénateurs, des Conseillers d'état, des Ministres, etc. qui l'ont secondé dans ses entreprises.

Par M. DE CHATEAUNEUF. (De Paris.)

Auteur de l'Histoire des Généraux Célèbres de la Révolution.

PREMIERE PARTIE.

A LONDRES,

CHEZ DECONCHY, NEW BOND STREET;
ET A HAMBOURG, CHEZ PERTHÈS.

De l'Imprimerie de R. Juigné, 17, Margaret Street, Cavendish Square

AOÛT, 1815.

HISTOIRE

DE

NAPOLEON BUONAPARTE,

Avec les Portraits du caractère de ses Lieutenans, des Sénateurs, des Conseillers d'état, des Ministres, etc. qui l'ont secondé dans ses entreprises.

PAR A. H. DE CHATEAUNEUF.

PREMIERE PARTIE.

A LONDRES,

Chez Deconchy, New Bond Street.
Et a Hambourg, chez Perthès.

De l'Imprimerie de R. Juigné, 17, Margaret Street, Cavendish Square

1815.

DECLARATION.

Paris, 1er Mars, 1815.

J'ESSAIE d'écrire l'Histoire de Buonaparte comme on le fera dans cinquante ans. Si ma franchise et mon impartialité déplaisent en France, j'irai à Londres; j'y publierai la suite de cet ouvrage.

Londres, 1er Juillet, 1815.

CETTE première partie devait paraître le 20 Mars; la publication fut suspendue par l'arrivée de Buonaparte à Paris. Quoiqu'il eût assuré dans sa proclamation, que *tout ce qu'on avait dit ou imprimé pendant son absence, il l'ignorerait toujours,* nous ne crûmes pas à sa clémence; la haine, la haine inéxorable l'a toujours dominé. Si nul écrivain n'a éprouvé les effets de sa vengeance, c'est une preuve que son ancienne force est encore enchaînée par celle de ses rivaux. Nous fûmes témoins, pendant huit jours, de la terreur des habitans de Paris;

chacun brûlait ses papiers, dans la crainte qu'un mot ne fût un prétexte d'exil ou de mort. Nous osâmes ne pas brûler nos écrits; ils nous suivirent à Vienne. Nous étions perdus, si nous eussions été fouillés avant d'arriver sur la frontière de Bade. Buonaparte ne nous eût pas pardonné la vérité de l'histoire de son règne en faveur de ce que nous disons de son génie pour la guerre, génie bien funeste, mais qu'on ne peut lui contester jusqu'au jour où la décadence de son esprit entraîna celle de sa puissance. Nous n'avons loué dans cet homme que ses talens militaires, et jamais ses vertus.... parce que nous ne lui en connoissons pas.

Nous parlerons, dans cet ouvrage, des cours étrangères avec une grande franchise. Nous rapporterons les bruits de la renommée comme des bruits, avec l'air du doute qui convient. S'il est des grands qui s'en plaignent, qu'ils sachent que *c'est au prix de la censure publique, que les dieux ont accordé le pouvoir.*

AVANT-PROPOS. (*)

Oɴ imprime cette histoire après une foule de Mémoires où l'on a tout révélé sur Buonaparte; il faudrait une année pour les lire, et cinq ou six mille francs pour les acheter. On les a comparés tous, on a séparé les choses vraies du mensonge. Aucun fait essentiel ne sera omis dans ce dernier ouvrage; l'auteur se préparait depuis cinq ans à le publier; nul n'a été plus attentif que lui aux événements de l'Europe et aux affaires de l'intérieur du palais de Buonaparte; il attendait sa chute annoncée par sa décadence militaire. Il voulut, il y a quinze mois, aller les imprimer en Angleterre, seul asile de la liberté de penser et d'écrire; mais alors nos ports de mer étaient fermés.

(*) Ce Prospectus fut publié un mois avant l'évasion de Buonaparte.

On ne peindra pas Buonaparte sans génie pour la guerre. Assez d'autres, par cette injustice, ont blessé les valeureuses armées qu'il commanda, et peut-être les rois alliés qui ont vaincu cet homme extraordinaire. La gloire de Pierre I serait moins grande s'il n'eût pas défait Charles XII. On a présenté Buonaparte tel qu'il est, impétueux, terrible dans les sanglants combats qu'il a livrés. Il ne connut pas le grand art de vaincre en épargnant le sang des soldats : héros farouche, plus dangereux à son pays et aux rois que tous les conquérants qui ont ravagé le monde, il porta dans la guerre étrangère l'insolence et la cruauté qui signalèrent Marius dans la guerre civile. Il aurait surpassé les fureurs de ce barbare, s'il se fût élevé en France un rival pour balancer sa fortune. Vaincu par ce torrent d'ennemis que lui seul attira sous les murs de Paris, il sourit à l'espoir de la guerre civile, et y renonça, parce qu'il vit qu'il ne serait pas soutenu : il craignit moins les rois qu'il avait outragés, que les Français qui lui reprochaient sa double usurpation. L'orateur d'une de nos assemblées, qui a dit que *le trône était vacant, qu'il n'avait détrôné que l'anarchie,* comptait-il donc pour rien les droits du peuple et ceux des Bourbons ?

Ses exploits en Italie frappèrent le monde d'étonnement ; son expédition d'Egypte égale le merveilleux des actions des conquérants arabes ; ses campagnes en Allemagne l'élevèrent à ce degré de gloire qui fait taire les calamités dans la nation victorieuse. Ce fut l'époque où les princes et les rois s'allièrent à lui et à ses lieutenants, tant la force et la victoire subjuguent les peuples, et les souverains mêmes ! Après de tels prodiges, il n'était réservé qu'à Buonaparte d'exciter deux sentiments qu'on vit rarement unis contre des hommes dignes du nom de Grands ; je veux dire l'horreur et la risée dont la mort délivra plus d'un conquérant vulgaire, moins que lui, fléaux du genre humain. Ceux qui louèrent ses premiers exploits ne prévoyaient pas que son orgueil changé en démence lui ferait chercher des ennemis aux extrémités de la terre. Les orateurs qui dans des discours publics ont présenté ses déroutes comme des retraites glorieuses n'ont qu'à rougir ; mais la France doit honorer à jamais son armée aussi brave que malheureuse. Non, elle ne fut pas défaite dans les déserts de la Russie ; un climat où le froid prive de la vie, et le désespoir sublime d'un ennemi vaincu qui, de ses mains, brûle ses propres entrailles, triomphèrent en un moment du nombre et de la valeur. Le génie d'Alexandre, uni aux forces de Gengis, se fût brisé contre de tels obstacles que l'insensé ne prévit pas : leçon éternelle pour les nations qui suivraient d'injustes conquérants dans des expéditions lointaines contre des peuples qui savent préférer la mort au joug d'un maître étranger ! La France doit être envers Buonaparte ce que Rome fut envers Marius et Sylla, plus célèbres par les malheurs de leur patrie que par leurs triomphes sur les ennemis ; Rome exécra leurs forfaits et conserva les monuments de leurs victoires.

***

Cette Histoire aura 12 cahiers de 10 feuilles chacun, in-8vo ; ils paraîtront le 15 et le 30 de chaque mois. Le prix de l'abonnement est de 3 guinées.—On s'abonne aussi à Leipsick, Berlin, Tubingue, Gotha, Munich, Stuttgard, Bruxelles, La Haye, Francfort.

PREMIÈRES ANNÉES

DE

BUONAPARTE.

B

CHAPITRE PREMIER.

De la Corse; origine de Buonaparte; traits de son Caractère à l'Ecole de Brienne; Décret qui le bannit de son Pays avec sa Famille.

On a rappelé, de nos jours, toutes les calomnies des anciens contre la Corse parce qu'elle a produit Buonaparte; mais une de nos provinces, l'Artois, a vu naître Robespierre. On a dit que les Romains ne voulaient pas de Corses pour esclaves; c'est qu'ils étaient capables de tout, même d'un crime, pour recouvrer leur liberté. Le même esprit subsiste dans ce pays; on n'y trouve point de domestiques, on les fait venir du Continent. Sénèque fit ces vers contre la Corse:

" Lex prima ulcisci, secundaque vivere rapto,
" Tertia mentiri, quarta negare Deos.

On peut les traduire ainsi:

" Les lois des habitans, fourbes ou furieux,
" Sont le vol, la vengeance et le mépris des dieux.

On ne doit pas juger d'un peuple par l'épigramme d'un auteur qui se venge. Les Corses disent que ce philosophe exilé chez eux voulut attenter à la pudeur d'une jeune fille; les frères le dépouil-

4

lèrent de ses vêtements et lui enlevèrent l'épiderme avec des orties très-piquantes que cette île seule produit. On les nomma depuis orties de Senèque.

On peut lire dans Voltaire (*) les efforts continuels de cette île pour secouer le joug des Carthaginois, des Romains, des Goths, des Seigneurs de la nouvelle Rome, des Pisans et des Génois. Quand le Marquis de Vaux s'en empara il ne soupçonnait pas que sa conquête serait la cause de la mort de six millions d'Européens, et que l'enfant d'un bourgeois de cette île, élevé dans l'école d'un Roi de France, se ferait couronner empereur et voudrait détrôner tous les Rois.

On se souvient avec quelle valeur les Corses combattirent sous Pascal Páoli. " Il avait discipliné 1755. des soldats en redoublant dans le peuple l'amour de la liberté (†). Il avait un frère qui passait pour un brave, et qui battit souvent les mercenaires de Gênes. Cette république perdit, pendant quatre ans, ses troupes et son argent, tandis que Paoli augmentait chaque jour ses forces et sa réputation. L'Europe le regardait comme le législateur et le vengeur de sa patrie. Le sénat céda tous ses droits sur la Corse à la couronne de France. Paoli pouvait

(*) Siècle de Louis XV, chapitre 40e de la Corse. Voyez aussi les mémoires pour servir à l'histoire de France sous le gouvernement de Napoléon Buonaparte, pendant l'absence de la Maison de Bourbon, par M. de Salgues.

(†) Voltaire dans le siècle de Louis XV.

s'attendre à des honneurs et des récompenses, mais il était chargé du dépôt de la liberté de sa patrie. Il avait devant les yeux le jugement des nations : Quelque fût son dessein, il ne voulait pas vendre la sienne, et quand il l'aurait voulu il ne l'aurait pas pu. Les Corses étaient saisis d'un trop violent enthousiasme pour la liberté, et lui-même avait redoublé en eux cette passion si naturelle, devenue a la fois un devoir sacré et une espèce de fureur. S'il avait tenté seulement de la modérer, il aurait risqué sa vie et sa gloire."

" 'Cette gloire n'était pas chez lui celle de combattre ; il était plus législateur que guerrier ; son courage était dans l'esprit, il dirigeait toutes les opérations militaires. Enfin il eut l'honneur de résister à un Roi de France pendant près d'une année. Aucune puissance étrangère ne le secourut. Quelques Anglais seulement, amoureux de cette liberté dont il était le défenseur et dont il allait être la victime, lui envoyèrent de l'argent et des armes ; car les Corses étaient mal armés, ils n'avaient point de fusils à baïonette ; même quand on leur en fit tenir de Londres, la plupart ne purent s'en servir ; ils préférèrent leurs mousquetons ordinaires et leurs couteaux. Leur arme principale était leur courage. Ce courage fut si grand que dans un de ces combats vers une rivière nommée le Golo, ils se firent un rempart de leurs morts pour avoir le temps de charger derrière eux avant de faire une retraite nécessaire ; leurs blessés se mêlèrent parmi les morts pour raffermir le rempart. On trouve partout la valeur, mais on ne voit de telles actions que chez des peuples libres. Malgré tant de valeur ils furent vaincus. Le Comte de Vaux, secondé du Marquis de Marbœuf, soumit l'île entière en moins de temps que le Maréchal de Maillebois ne l'avait domptée."

Charles Buonaparte, père de Napoléon, venait de faire son cours de droit à Rome, quand il suivit Paoli contre les Génois; il combattit avec une rare valeur. Il épousa, à Ajaccio, Mlle. Lætitia Ramolini, belle et impérieuse. On a dit qu'il était fort honnête homme, si c'est l'être que feindre de ne pas voir les galanteries de sa femme quand on lui doit des places et des honneurs. Lætitia fut aimée du général Paoli; on le croit père de Napoléon. Le Marquis de Marbœuf l'exila, et plut à son tour. Pendant le cours de ses foiblesses, qui durèrent autant que sa beauté, elle donna à son mari huit enfans que nous avons vus rois, reines, princes et princesses. Charles Buonaparte fut d'abord avocat, profession qui donne la noblesse loin de la ravir, puis nommé assesseur au tribunal d'Ajaccio. Napoléon racontait souvent aux officiers de son régiment qu'un de ses aïeux ayant quitté Florence pendant la guerre des Guelfes et des Gibelins, était venu se réfugier en Corse; mais il cachait que ses descendans, tombés dans l'indigence, dérogèrent. Depuis l'origine du monde, que de familles ont brillé un instant et sont rentrées dans le néant pour en sortir encore! Nous avons connu une des plus nobles maisons de la Bretagne, qui comptait quatorze générations de paysans que sa vanité nommait laboureurs, et des boulangers d'Avignon qui prouvaient, par leur généalogie, qu'ils descendaient des premiers consuls de cette ville lorsqu'elle était en république. Ils étaient les plus pauvres et les plus nobles du pays. (*)

Napoléon Buonaparte naquit à Ajaccio, le 15 Août, 1769. Le Marquis de Marbœuf le fit entrer en 1777 à l'école militaire de Brienne.(†) Pichegru,

---

(*) M. de Chateaubriand a écrit le premier que Buonaparte était fils d'un huissier. On a consulté plusieurs Corses sur ce fait; un seul nous a dit avoir reçu, il y a 50 ans, *des exploits* signés *Buonaparte*, grand-père de Napoléon. Buonaparte, général, fit remonter son origine à six cents ans; premier consul, il la fit remonter aux Comnènes, empereurs de Constantinople. Souverain, il voulut se donner pour aïeux les plus anciens rois de Suède. On lut dans le Journal de l'Empire, que le *petit roi de Suède* serait bien étonné d'apprendre que les ancêtres de Napoléon avaient régné avant ceux de Gustave III sur le trône dont ses sujets venaient de le priver. Buonaparte apprit qu'on s'était moqué de cette généalogie; il la fit désavouer dans le même journal, où on écrivit que sa noblesse *datait du 18 Brumaire*; c'était l'époque de son consulat. Néanmoins il donna à l'imposteur, qu'il feignit de désavouer, 50,000 et une place de conseiller d'état. Si Buonaparte eût compté six cents ans de noblesse, sa famille eût été mise au nombre de familles *caporales*, les premières de l'île, dont les ancêtres s'étaient signalés dans la guerre et dans les deux factions rivales qu'on nommait la *Noire* et *la Blonde*.

(†) Il attesta avec deux chevaliers de St. Louis qu'il était d'une famille *qui vivait noblement*. Les colons et les Corses ne professeur de mathématiques dans cette école, venait d'en sortir pour s'engager dans l'artillerie. Buona-parte y apporta cette fierté sombre qui est le signe de l'ambition. Il cherchait toujours la solitude ; il n'aimait dans les jeux que ce qui était une image de la guerre. Un de ses condisciples a fait connaître plusieurs traits de son caractère ; on a choisi ceux qui peuvent servir à comparer son enfance avec ce que nous l'avons vu depuis.

" Au collége de Brienne, il avait fortifié son petit jardin ; il s'y renfermait toujours seul, un livre de mathématiques, ou un Plutarque à la main. Un jour de fête, ses camarades y jetèrent des feux d'ar-tifice ; il fondit seul sur eux, et les mit en fuite. Il voulut commander en chef les exercices, et on y con-sentit. Quelques élèves lui disaient avec ironie : " Ne semble-t-il pas qu'il soit né pour commander ?" Un jour, que tous le fuyaient, il leur dit : " M. de Marbœuf m'aime comme son fils. Quand je serai général, je vous fuirai à mon tour." Ils revinrent à lui. Ces enfans n'étaient-ils pas déjà des hommes ? Une autre fois, dans un trouble d'esprit égal à sa colère, il s'écria avec un de ses amis ;" On en veut à ma vie. Viens dans ma chambre ; nous nous barricaderons avec ma commode. Si on la renverse, nous lancerons toute notre vaisselle. Si l'on nous

produisaient point d'autres titres pour entrer comme officiers dans les régimens.

force, j'ai mon épée." On ne l'attaqua point. Il eut les mêmes terreurs étant premier consul. L'archevêque de Paris confirmait les élèves de l'école militaire; il demande à Buonaparte son nom de baptême.—" Napoléon." Le grand vicaire dit au prélat : " Je ne connais pas ce saint-là."—" Parbleu, je le crois bien," répond Buonaparte, " c'est un Saint Corse."

Il passa en 1784, à l'école militaire de Paris. Celle de Brienne avait mis cette note sur son registre; on lit vers le milieu de ce livre, manuscrit relié en maroquin rouge avec les armes du Roi :

" *Etat des Elèves* susceptibles *d'entrer au service ou de passer à l'école de Paris, savoir :*

M. de Buonaparte (Napoléon), *né le* 15 *Août,* 1769, de 4 pieds 10 pouces, a fait sa quatrième. Constitution, santé excellente, caractère soumis, doux, honnête et reconnaissant, conduite très-régulière, s'est toujours distingué par son application aux mathématiques. Il sait *très-passablement* son histoire et sa géographie; il est très-foible dans les exercices d'agrément. Ce sera un excellent marin. Digne d'entrer à l'école de Paris." (*)

(*) Nous avons copié cette note sur le registre original à l'article de Brienne; Buonaparte y est désigné le premier des cinq élèves. " Il est évident, dit M. de Salgues, que cette note a été faite après coup; la date de la naissance est fausse. La Corse, ajoute-t-il, ne fut réunie à la France qu'au mois de Juin 1769. Buonaparte, né le 6 Février 1768, imagina de placer sa

Buonaparte se présenta en 1781 au concours pour l'arme de l'artillerie; il entra comme lieutenant dans le régiment de la Fere. M. de l'Eguile mit sur le registre des élèves : " Corse de nation et de caractère; il ira loin, si les circonstances le favorisent :" le bon professeur ne croyait pas faire une prédiction si funeste à la France. Buonaparte n'avait que vingt ans, lorsque le Roi convoqua l'assemblée des notables ; il se montra avide de changemens dans l'Etat.   Un jour il osa louer les premiers excès de la révolution devant les officiers de son grade; ces officiers allaient le jeter dans un fossé du Champ de Mars, quand on accourut assez vite pour l'arracher de leurs mains. Un de ses condisciples qui avait émigré, disait

---

naissance au 15 Août suivant 1769. Par ce faux il était né Français." M. de Salgues se trompe; comparant l'acte de mariage de Buonaparte avec le registre de l'école de Brienne où Buonaparte se trouve plus jeune d'un an et cinq mois, il en conclut que la note et peut-être le registre sont supposés. M. de Salgues n'a pas su que Buonaparte, pour hâter son mariage avec Madame de Beauharnais, n'attendit pas d'Ajaccio son extrait de baptême : il se servit de celui de son frère aîné né dix-sept mois avant lui.   C'est ce qui fait le contradictoire entre le registre et l'acte de mariage passé à Paris devant Raguido Notaire.   Nous avons vu l'extrait baptistaire; Buonaparte est né le 15 d'Août 1760; il se nomme Napoléon et non Nicolas, comme on l'a imprimé depuis l'entrée des Alliés. Quant au registre, il fut acheté, en 1794, parmi les livres de M. de Ségur ancien Ministre de la guerre, par M. Royez Libraire à Paris, qui le vendit 600 francs, douze ans après, à Louis Buonaparte, Roi de Hollande.

souvent : "je voudrais bien savoir ce qu'est devenu un nommé Buonaparte ; oh ! celui-là doit s'être précipité dans la révolution."

Il parut changer d'opinion en 1789 ; il demanda pour émigrer dix louis à M. de Nadal, lieutenant colonel de son régiment; le refus de cet officier fit rester Buonaparte en France. Sa destination, s'il eût eu cet argent, aurait été aussi différente que le furent les événemens qu'il dirigea. Buonaparte, pauvre et d'une noblesse contestée, vit qu'il ne réussirait pas du côté de la cour ; il seconda, par ses maximes débitées daus les clubs, les progrès d'une révolution qui devait renverser la barrière opposée aux ambitieux. Les officiers voulurent le chasser du régiment, comme un démagogue dangereux ; mais déjà les soldats protégeaient les rebelles et songeaient à devenir officiers.

1790.

Le général Paoli, rappelé par un décret de l'assemblée constituante, quitta l'Angleterre pour voir en France cette liberté en faveur de laquelle il avait combattu ; il partit avec Buonaparte pour Ajaccio; tous deux y favorisèrent les esprits ardents. Mais Paoli ne tarda pas à voir que ce n'était plus la liberté pour laquelle il avait prodigué sa vie en 1769. L'égalité absolue que la Convention voulait établir lui parut impraticable et funeste. Il avait pleuré les malheurs de Louis XVI alors prisonnier de ses propres sujets ; il vantait la constitution anglaise; les démagogues de la Corse l'accusèrent de vouloir l'établir chez eux pour les livrer ensuite à l'Angleterre. On rappela, dans la Convention, que le général Paoli, en 1769 s'était assis sur un petit trône que les magistrats d'Ajaccio avaient fait élever à l'Hôtel de Ville : sommé de se rendre à la barre de l'assemblée nationale, il eut la prudence de désobéir. Il fut mis hors la loi avec le procureur du Département M. Pozzo di Borgo que nous avons vu en 1814 premier aide-de-camp de l'Empereur de Russie et son ambassadeur à Paris. Buonaparte, mêlé aux Jacobins qu'il flattait, resta à Ajaccio ; il s'était fait nommer lieutenant-colonel de la garde nationale. Il fut chassé à son tour de cette ville par les royalistes ; il vint l'attaquer sur des bâtimens destinés à la réduire, mais il fut repoussé par un officier de ses parents nommé Massaria. Il y rentra lorsque le parti de la république eut prévalu. Il suivit les détachemens qui devaient s'emparer de la Sardaigne. L'amiral Truguet, avec dix vaisseaux de ligne aborda au golfe de Cagliari ; cinquante vaisseaux commandés par Latouche-Tréville se joignaient au même instant à lui, des mers de la Sicile. Le général Casabianca, avec des troupes, arrive devant Cagliari qu'on avait cru occuper sans résistance. Il fit investir la place pendant quelques jours, mais il ne put ordonner l'attaque ; l'insubordination était fomentée dans les troupes par une phalange marseilloise capable de se porter aux plus grands excès contre les officiers. Elle avait une compagnie de pendeurs, qui étrangla des officiers corses. Buonaparte, suivi d'un petit corps d'armée, s'empara du fort de Saint-Etienne et de la Magdelaine, et faillit à être fait prisonnier par les montagnards de Sardaigne, qui pendaient aux arbres de leurs forêts tous les Français qu'ils prenaient. Cependant Paoli avait appelé les Anglais ; toute l'Ile s'était soulevée contre la Convention ; Buonaparte fut banni par un décret demandé par Paoli même. On n'avait pas osé l'exécuter tant qu'il eut la faveur du peuple; son crime était horrible; le second jour de la fête de Pâques, à la tête des garçons bouchers d'Ajaccio, il avait commandé une décharge de mousqueterie sur des vieillards, des enfans et des femmes qui sortaient d'une église, alléguant pour prétexte que c'étaient des fanatiques, ennemis de la liberté ; sa mère, ses frères et ses sœurs, proscrits comme lui, vinrent débarquer à Marseille; ils y vécurent des secours que la Convention donnait aux réfugiés. Le général Collin prenait sur ses rations pour appaiser leur faim. La mère attendait la nuit pour envoyer sa petite Carletta, devenue la Princesse Caroline, acheter une chandelle que souvent on ne payait pas. L'aînée, depuis Princesse de Lucques, n'était pas jolie; aussi a-t-elle fait la fortune de ses amans. La cadette était belle. On accusa la mère d'avoir produit les charmes de ses filles. Le bruit s'en répandit, de Marseille à Paris, quand Buonaparte eut une cour. Quoi qu'il en soit, Madame Lætitia, s'étant montrée en 1795 dans une loge au théâtre de Marseille avec deux de ses filles, un commissaire de police vint la sommer d'en sortir, en lui rappelant qu'elle avait reçu l'ordre, autrefois, de quitter la ville pour mauvaise conduite. Buonaparte poursuivait alors le cours de ses victoires dans le Milanèz; sa mère fit destituer par le Directoire l'officier de police qui lui avait fait un affront si public.

Buonaparte rentra dans l'artillerie. Son général le logea à Avignon, chez M. B * *. riche négociant, qui vit sa misère et la soulagea. Consul, il etoit importuné du souvenir des charités que sa famille et lui reçurent si souvent. Il exila ou fit enfermer plusieurs personnes qui eurent l'imprudence d'en parler devant ses espions. Un jacobin de Marseille, *son bienfaiteur*, étant allé le voir au château des Tuileries, l'appela, par habitude, *mon cher collègue*; Buonaparte le fit sortir de Paris *dans les vingt-quatre heures*.

Il voulut attirer l'attention des Provençaux comme écrivain. C'était le temps où un pamphlet *fort en principes*, faisait nommer aux assemblées nationales ou à une ambassade. Il publia *le Souper de Beaucaire*; il y louait Marat, Robespierre, *la sainte montagne* de la Convention, et vouait aux dieux infernaux les fédéralistes comme les ennemis de la République et du genre humain. Il voulait qu'on détruisît le *négociantisme, contraire à la liberté*; que la France ne fût qu'*un état agricole et guerrier*. Selon lui, les banquiers et les négociants *étaient des gens sans patrie*. On lui a entendu dire depuis, à propos d'un refus d'argent par la banque de France, ce qu'il avait imprimé vingt ans auparavant. Il quitta la ville sans payer son imprimeur. Tout semblait oublié depuis dix ans quand on lui présenta dans son palais un mémoire de 200 fr. pour frais d'impression, avec un exemplaire du *Souper de Beaucaire* pour constater la dette; il s'informa avec inquiétude si c'était le seul, et offrit de donner 500 fr. de chaque exemplaire d'une édition pour laquelle il n'avait pas pu, en 1793, payer deux cents fr. (*).

Il y avait à Orange une Commission populaire qui condamnait à mort cinquante personnes par jour. Buonaparte assistait à toutes les exécutions, au pied de l'échafaud, élevant son bonnet rouge sur la pointe de son épée, avec le cri de liberté à chaque coup que le bourreau frappait. Il fit imprimer un *Dialogue* pour célébrer ces assassinats. Il se fait demander par son interlocuteur pourquoi la guillotine, au lieu d'être au bas de la montagne d'Orange, n'est pas sur le sommet, où elle serait mieux vue de cinq ou six mille spectateurs? Buonaparte répond que c'est afin que toutes les têtes, en tombant, rendent hommage *à la sainte montagne* de la Convention, dont la montagne d'Orange est l'emblême. Les députés de la Corse ont lu avec horreur cet écrit; monument de la scélératesse d'un jeune homme de vingt-quatre ans.

(*) Il existe un exemplaire unique de cet écrit. Un libraire anglais m'a dit qu'il en eût donné cent mille fr. avant la chute de Buonaparte.

Il marcha contre Marseille, sous les ordres de Carteaux, de peintre d'histoire devenu généial en chef de l'armée du Midi et des Alpes. On a souvent entendu ce général dire de Buonaparte empereur : " J'ai eu ce petit homme à mes ordres dans l'armée des sans-culottes du Midi." Il commença avec lui l'investissement de Toulon. Buonaparte fit un plan pour réduire la ville ; le général en chef Dugommier en fut surpris ; Il le mena sur-le-champ chez les proconsuls de l'armée. " Je vous présente, leur dit-il, un officier du plus grand mérite. Réprésentants, que ce jeune homme fixe votre attention, car si vous ne l'avancez pas, je vous réponds qu'il saura bien s'élever de lui-même." Les ennemis de Buonaparte appliquèrent depuis cette prédiction plus souvent à son ambition qu'à son talent pour la guerre.

CHAPITRE II.

Siége de Toulon.

TOULON, effrayé des barbaries de la Convention contre les Lyonnais, venait de se rendre à une escadre anglaise. Le nombre et le courage de nos soldats n'auraient pas réduit cette place, l'une des mieux fortifiées de l'Europe, et défendue par une garnison de vingt-cinq mille hommes. Il fallait un général habile; le gouvernement plaça Dugommier à la tête de quarante mille combattants.

Les Espagnols et les Anglais employaient tous les secours de l'art pour rendre la place imprenable. Parmi les redoutes qu'ils construisirent, on distinguait Malbosquet, du nom du terrain où elle fut bâtie; entourée de murailles et de palissades, elle dominait la mer et la plaine où campait notre armée. Dugommier établit sur la crête d'un mont un épais retranchement, qu'on nomma *redoute de la Convention.* La forêt d'oliviers qui l'entournait fut abattue. L'étonnement des Anglais fut extrême, lorsqu'à la première clarté d'un jour serein ils virent cette masse informe d'où vingt pièces de canon lançaient des boulets sur leurs remparts.

L'élite des assiégeans s'avança pour la surprendre. Au bruit de leur marche, nos soldats des postes avancés sont sous les armes; ils cherchent l'ennemi à travers les ténèbres. Le jour découvre les hauteurs garnies d'une colonne d'Espagnols et d'Anglais, et nos soldats des premiers bivouacs, qui se replient; d'autres, cernés et pris, étaient égorgés par l'ennemi. Cette barbarie allume la vengeance; de nouveaux soldats volent et se rallient sur une hauteur voisine. Ce fut là qu'une poignée de Français arrêta les efforts d'une armée. Leur attitude immobile n'éloignait d'eux la mort que quelques instants, quand le bruit du tambour et le pas de charge annoncent, de loin, l'arrivée du camp. Un nouvel espoir anime ces soldats; ils poussent des cris de joie; ils n'attendent pas le renfort, ils se précipitent. L'armée les suit dans la plaine, les rangs se dispersent, les soldats se confondent; ils marchent d'un pas rapide. En un instant les baïonnettes se croisent, et la redoute est enlevée aux Anglais. L'armée Française poursuivit les fuyards jusque dans leurs camps. Dugommier combattit toujours à la tête des soldats; il les précéda dans tous les dangers. Blessé, il ne voulut se retirer qu'avec son armée victorieuse. Les troupes, accablées de fatigues, ne songèrent au repos qu'après avoir prodigué aux blessés, ennemis ou français, les soins de l'humanité. Ce combat dura dix heures. La colonne ennemie étoit formée des plus braves Anglais, Espagnols, Napolitains et Piémontais. Le général O'hara, qui commandait les premiers, fut fait prisonnier. Les Anglais sur-tout étaient dignes d'être opposés aux Français; plusieurs furent tués sur les canons de la redoute, qu'ils ne voulurent jamais abandonner.

Les alliés, retirés dans leurs camps, élevèrent de nouvelles fortifications; ils appelèrent des renforts. Toulon vit alors dans ses remparts une armée de vingt-cinq mille ennemis. Les généraux français retenaient à peine l'ardeur de leurs soldats. Le 26 Frimaire, Dugommier visita les camps. Ses discours animèrent ces soldats déjà si animés; ils demandent le signal de l'attaque. Sur la droite du camp, devant la petite ville de Seigne, s'élevait une redoute, nommée *Gibraltar* par les Anglais, qui la comparaient aux rochers de cette forteresses. Depuis le bas jusqu'au sommet, la montagne était défendue par plusieurs rangs de palissades. La terre, hérissée de pieux, semblait une forêt de dards; des fossés et des batteries protégeaient toutes les issues. Ce fut contre cette redoute que Dugommier dirigea les efforts de l'armée. Il prit huit mille hommes d'élite. Chacun ambitionnait l'honneur du danger; il l'accorda aux chasseurs et aux grenadiers, et se plaça à leur tête.

L'armée réunie s'ébranla, lorsqu'un orage affreux vint rendre la nuit plus sombre; les soldats n'avançaient qu'avec des efforts inouïs, au milieu de pieux aigus qui leur fermaient le passage. Ils arrivent au pied de la redoute; un impénétrable mur de dix-huit pieds d'élévation était défendu par un feu qui n'avait point d'intervalle. Des pièces de campagne placées au bas des embrasures foudroyaient ceux qui s'offraient les premiers, tandis que des canons de gros calibre portaient la mort dans les rangs les plus éloignés; les grenades allumées, les obus, les boulets, étaient lancés du haut des remparts. Le courage des soldats fut long-temps inutile. Sans échelles pour livrer l'assaut, ils recevaient la mort sans pouvoir la donner. Leur intrépidité tenta un dernier effort; l'un sur l'autre élevés, ils furent portés par la force des bras sur le rempart. Le sabre entre les dents, le fusil en bandoulière, ils passent à travers les embrasures des canons, dans l'instant où les pièces ayant tiré reculent par leur mouvement ordinaire. L'ennemi se presse autour d'eux, les égorge sur le parapet, ou les précipite. Les Français, trois fois culbutés, remontèrent trois fois dans la redoute. Les armes à feu étaient inutiles, l'arme blanche portait seule la mort; la baïonnette se retire du corps du soldat expirant, pour se plonger dans le corps du soldat qui le remplace. La confusion des rangs, la pluie qui tombait à flots pressés, augmentaient le carnage. La résistance des Anglais fut si grande, que les Français cédaient quand de nouveaux soldats arrivent; on n'entend qu'un cri: victoire et liberté! Tout ce qui reste d'ennemis est massacré sur les canons. Nos soldats, inondés de pluie et de sang, ne se reposèrent qu'après avoir tourné contre les Anglais les canons dont ils s'étaient emparés. L'aile droite de l'armée enleva les redoûtes voisines ; les Français avaient traîné des pièces de campagne jusque sur les sommets des montagnes. Ce fut à l'attaque du fort Pharaon que Buonaparte, à vingt-deux ans, se fit remarquer par l'habileté et la hardiesse de ses dispositions. Un représentant du peuple ayant voulu changer la place d'une batterie, le jeune officier lui dit avec fierté : " Cette batterie restera là, et je réponds du succès, sur ma tête." La batterie resta ; le fort Pharaon fut pris.

Après une journée de combats, nos soldats se reposoient sur le rivage. Ils virent une effrayante lueur s'élever sur la mer ; la flotte anglaise embrasait nos vaisseaux, et s'éloignait à la clarté de l'incendie. La poudre s'allume et lance avec le bruit du tonnerre les débris de notre escadre. Ce fut à la vue de ces flammes que le même serment fut prononcé par les soldats de l'armée : *Guerre éternelle aux Anglais !* Un cri de vengeance demande l'assaut ; Dugommier conduit une colonne sous les murs de la place ; quelques habitants s'étaient emparés d'une porte ; ils l'ouvrent, nos soldats se précipitent dans la ville. L'arrière-garde ennemie, taillée ou poursuivie, tombe et périt dans la mer en fuyant vers ses vaisseaux. L'armée se porte à l'arsenal ; les Anglais y avaient jeté des mèches de souffre enflammé, que des forçats s'efforçaient d'éteindre ; et telle fut la nécessité où les Anglais avaient réduit l'armée, qu'elle accepta les honteux secours de tous les galériens déchaînés.

Six mille familles en larmes se sauvèrent vers le

rivage, à travers les hombes et le feu des batteries ; les hommes éperdus, les mères désolées, emportant leurs enfants suspendus à leurs mamelles, furent foudroyés, étouffés dans la flamme, ou disparurent dans les abymes de la mer. La ville fut mise au pillage. Le désordre fut si grand, que les proconsuls de l'armée trouvèrent à peine un asile contre la fureur des soldats, qui, indignement mêlés à huit cents galériens, se partageaient les logements et les dépouilles.

Le Comité de Salut Public ordonna la démolition de la ville et la mort de tous les habitants. Au milieu de tant de brigandages, Dugommier pleura sur sa victoire. Il parut au conseil des cinq proconsuls, lorsqu'ils déployaient l'appareil du carnage. " Représentants du peuple, leur dit-il, sans doute il y eut dans cette ville des traîtres qui l'ont vendue aux Anglais ; mais les plus grands coupables ont fui sur leur flotte. S'il est des hommes criminels qui aient osé attendre la vengeance que vous portez, le temps vous les fera connoître ; lui seul peut éclairer votre justice et calmer les haines qu'enfantent les guerres civiles. Si vous punissez aujourd'hui, toutes les passions choisiront leurs victimes. Voyez cette ville déserte et désolée ! Qui allez-vous immoler ? des vieillards, des enfants et des femmes qui ne s'armèrent jamais contre nous !" Que pouvait le cri de l'humanité près des cinq proconsuls, ministres rigoureux des arrêts du Comité de salut public ! un représentant du peuple, Fréron, imposa silence à

Dugommier, en lui disant que son partage était de combattre, et non pas de juger. Il voulut que tous les royalistes qui avaient porté les armes fussent sacrifiés aux mânes des soldats républicains qui avaient péri sous les murs de la ville. Comme il surpassait ses collègues en barbarie, il fut seul écouté. Il ordonna, sous peine de mort, à tous les habitants de se rendre au Champ-de-Mars. L'espoir du pardon rassembla huit mille citoyens dans la même enceinte, qui devait devenir pour eux un horrible et vaste tombeau. Cette multitude épouvanta Fréron: entouré d'armes et de canons près de vomir la mort à son affreux signal, il connut l'effroi sans sentir la pitié. On nomma un jury pour choisir les plus coupables; Fréron le choisit dans les trois cents jacobins que les Anglais avaient enchaînés dans un vaisseau. Ces hommes, altérés par la soif de la vengeance, saisirent leurs victimes au gré de leurs caprices. " Avance, disent-ils à un citoyen.—Je n'ai pas pris les armes. —Marche toujours. "Un autre avoue que la violence et la force lui mirent les armes à la main, il implore leur pitié; il est entraîné. Un Toulonais de soixante-six ans leur dit: " Vous voyez ma vieillesse; je n'ai pu offrir mon foible bras à l'Anglais." On le pousse au nombre des rebelles. Le canon tire sur ces malheureux. On dit qu'alors Fréron s'écria : " Que tous ceux qui ne sont pas morts se relèvent ; la nation leur pardonne." Les blessés obéissent; le canon les foudroie une seconde fois, et le sabre les extermine. Buonaparte avoit traîné les canons ; il les rangea avec le sang-froid d'un bourreau qui dispose l'instrument du supplice. Il commanda toutes les décharges à mitraille tirées à bout portant contre les Toulonais à genoux devant lui (*). Des habitants des campagnes voisines, accourus à une fête du *triomphe de la république*, furent immolés avec cette foule d'infortunés, près de l'autel où ils venaient offrir de simples vœux pour le succès de nos armées.

Trois malheureux, sortis vivans de ce tombeau, méritent qu'on retrace leur histoire. Les tourmens inventés par les tyrans de la fable sont ici loin de la simple vérité: on arrache un vieillard des bras de son fils ; on l'entraîne. Après la première décharge, entouré du rampart de tant de corps

---

(*) Après ce carnage, il adressa cette lettre à Robespierre jeune et à Fréron. M. de Salgues doute qu'elle soit authentique. Comment, en effet, auroit-il écrit aux deux députés qui commandèrent à côté de lui les fusillades et les décharges à mitraille ? il n'avait rien à leur apprendre. On l'a fait calquer à Londres pour prouver qu'elle est de l'écriture de Buonaparte. Quoiqu'il en soit nous la transcrivons après MM. Barré, Malte-brun et Salgues.

" Citoyens Réprésentans,

" C'est du champ de gloire, marchant dans le sang des traîtres, qui je vous annonce avec joie que vos ordre sont exécutés et que la France est vengée. Ni l'âge, ni le sexe n'ont été épargnés. Ceux qui avaient été seulement blessés par le canon républicain ont été dépêchés par le glaive de la liberté et par la baïonnette de l'égalité. Salut et admiration.

BRUTUS BUONAPARTE, citoyen sans-culotte.

renversés, il feint d'être frappé, et demeure immobile à la voix homicide qui ordonne de se relever. Il trompa ainsi la mort et le vœu de ses assassins. Lorsque la nuit eut couvert de son ombre les Toulonais privés de sépulture, les soldats de la république vinrent les dépouiller et sabrer ceux qui palpitaient encore. Chargés de butin, ils se retirent. Ce vieillard ose alors soulever sa tête pour la première fois ; au milieu du silence et des ténèbres, il croit qu'il est le seul être animé dans ce vaste champ de carnage ; il se traîne en frémissant. Tout-à-coup il aperçoit un malheureux qui s'agite, il l'appelle ; il reconnaît son fils. L'un sur l'autre appuyés, et se soutenant à peine, ils errent long-temps dans la campagne. Enfin, ils osent frapper, pendant la nuit, à la porte d'une maison inconnue ; elle s'ouvre à leurs gémissements, et un pauvre laboureur les cache à la rage de leurs bourreaux.

Un jeune officier de marine, frappé d'une balle, fut long-temps plongé dans un assoupissement mortel. Il se relève, il marche incertain ; déchiré d'horribles douleurs, il implore par des cris une main qui lui donne la mort. Un factionnaire l'arrête. " Qui que tu sois, lui dit l'officier égaré, au nom de l'humanité, achève de m'arracher la vie. " Mets-toi à genoux, dit le soldat ; tu vas être obéi." Mais un coup de feu eût jeté l'alarme dans les postes voisins. Le jeune officier attend une mort plus cruelle ; il se prosterne en silence sous le bras vigoureux qui va l'assommer. La violence du coup lui fracasse le crâne, il tombe évanoui, et la sentinelle s'éloigne. Ii resta, jusqu'au lendemain, dans un profond sommeil, image du néant. La fraîcheur de la nuit le rappela une seconde fois au sentiment. Luttant avec la mort, il se traîna vers une chaumiree, où une famille en pleurs vit avec effroi ses blessures, et ranima sa vie, presque éteinte par la perte de son sang.

Ce qui avait échappé au sabre et au canon fut livré au bourreau. Un vieillard paralytique, trop faible pour monter sur une charette, fut porté dans une chaise à bras jusque sur l'échafaud ; une femme eut la tête tranchée vingt-quatre heures après son accouchement. Ce siége a coûté la vie à vingt mille Français, tués en combattant, ou livrés à des supplices inouïs par les commissaires de la convention ; et ce fut un des moindres résultats des dissentions et des vengeances de cette assemblée.

CHAPITRE III.

Buonaparte est destitué; Révolution le 13 Vendémiaire, an 3; la Convention le nomme Commandant de Paris; il mitraille les habitans; Il obtient avec la main de la veuve du général Beauharnois, le Commandement en Chef de l'Armée d'Italie.

LE Comité de Salut Public nomma Buonaparte inspecteur des côtes de la Méditérannée. Envoyé à Nice, il ne fut pas étranger à la destitution de plusieurs généraux; il avait en vue de les supplanter. Il blâmait leur guerre défensive et voulait envahir le Piémont, où il eût trouvé les denrées et l'or que la république, encore pauvre, ne pouvait lui donner. Robespierre fut dans ce temps-là précipité de la tribune; Buonaparte le nommait le plus grand des Français. Son fanatisme s'enflamma; il conçut le dessein de faire marcher l'armée sur Paris, d'arrêter les nouveaux députés, d'insurger le midi, de déclarer Robespierre martyr de la liberté, et de mettre hors la loi ceux qui avaient envoyé ce monstre à l'échafaud. Il ne put entraîner personne. Il traita les députés de lâches et d'imbécilles, et leur dit que la république était perdue. S'il eût eu autant de pouvoir sur l'armée que de fureur, il se perdait; il ne voyait pas combien toute la France était animée contre le tyran et ses complices. Il chercha alors à se maintenir dans son grade par un feint retour vers l'humanité. On a conservé cette lettre de lui à M. de Tilly: " Robespierre, lui écrit-il, avait pour lui les Jacobins, la municipalité de Paris, l'état-major de la garde nationale."—Il s'étonne qu'il ait succombé, il ajoute : " Nos opérations militaires seront un peu contrariées ; l'artillerie était en avant, et le tyran sarde allait recevoir un grand coup. J'ai été *un peu* affecté de la catastrophe de Robespierre jeune, que j'aimais et que je croyais pur. Mais fût-il mon père, je l'eusse moi-même poignardé."

La Convention ordonna à ses comités de faire imprimer les papiers trouvés chez Robespierre. Ceux qui avaient secondé ses fureurs furent compromis, exilés ou livrés aux tribunaux. Il avait gardé des lettres et des plans de Buonaparte qui l'excitait à faire *des coups d'état*, à guillotiner la moitié de la Convention, à faire brûler les faubourgs de Marseille, et à exterminer tous les habitans des villes rebelles. On devait imprimer les plans de ce barbare dans le fameux rapport de M. Courtois; (*) Fréron obtint qu'on les supprimât. Cependant M. Beffroi de

---

(*) Il en fut distribué cent mille exemplaires. C'est un vol. in-8vo. de 600 pages.

Reigny, représentant du peuple, le fit arrêter à Nice, mais Buonaparte avait brûlé les réponses de Robespierre. Sorti de prison, il vint à Paris. M. Aubry, ancien capitaine d'artillerie, alors à la tête du nouveau comité de Salut Public, le destitua comme terroriste; il y fut question de le déporter à Cayenne avec Billaud-Varennes et Collot-d'Herbois. Buonaparte, qui apportait des assignats de l'armée, se logea au premier dans le bel hôtel garni de M. Grégoire, Rue des Fossés-Mont-Martre. La baisse du papier-monnaie devenant de mois en mois plus rapide, il s'éleva, d'étage en étage, jusqu'au cinquième. Il connut le besoin; ses vêtemens décélaient son indigence. Dans l'hiver rigoureux où Pichegru conquit la Hollande, je vis tous les jours Buonaparte dans le cabinet littéraire de Girardin. C'était une rotonde du palais royal, qu'on a détruite. La femme du libraire, qui le traitait familièrement, lui offrait quelquefois un bouillon en lui disant: " En voulez-vous, *Corsico?* Son frère Louis, qui fut depuis Roi de Hollande, était si pauvre, qu'il fréquenta pendant plus d'un an ce cabinet de lecture sans pouvoir payer l'abonnement qui n'était que de six francs par mois. Dix ans après, Buonaparte récompensa M. Girardin en souverain; il lui donna soixante mille francs pour imprimer *la Table du Moniteur.* Cette libéralité fut une étourderie; la facilité des renvois aux événemens et aux discours qui auparavant étaient confondus et ensevelis dans ce vaste recueil, fait de cette table une espèce d'acte d'accusation contre Buonaparte et ceux qui commirent des crimes, au nom d'une république qu'ils devaient vendre à un tyran pour des honneurs qu'eux-mêmes avaient abolis. Le Moniteur était comme un vaste tombeau des erreurs et des attentats de la révolution; Buonaparte l'ouvrit: il fut bientôt effrayé de son ouvrage, et l'arrêta à l'an 10 de la république.

1794. Depuis un an, il assiégeait sans succès la porte du nouveau comité de Salut Public; chassé sans cesse, il revenait toujours. Il s'humilia au point de donner à dîner aux domestiques d'Aubry. Croyant que la bassesse de la condition fesait celle de l'âme, il chercha à les intéresser par de foibles dons, en se disant un *patriote de 1793 opprimé.* Ces détails me furent racontés par Aubry, qui ajouta: " Je ne connais pas d'homme capable de pousser plus loin la science de l'intrigue et le courage de la honte." Rejeté partout, Buonaparte implora la faveur d'aller servir dans l'artillerie du Grand-Turc; le général Du Bayet, qui venait d'être nommé ambassadeur à Constantinople, dit au gouvernement qu'il suffirait d'un pareil intriguant pour brouiller la Turquie avec la république; Buonaparte, signalé comme le premier satellite de Robespierre, n'eut plus d'espoir de rentrer dans l'armée. Fréron lui prêtait 50 francs tous les mois sur son traitement de député; MM. Tilly et le père Patraud l'aumônèrent. Il se fit courtier. Il sollicita une petite charge d'agent de change qui se vendait trois mille francs, et il éprouva encore l'humiliation d'un refus. La bourse suspectait sa probité, comme l'armée douta depuis de son courage à Marengo, aux bords du Niemen et à Fontainebleau. (*) Si on remarque les obstacles qu'il trouva sur le chemin de la fortune, on jugera peut-être qu'aucun homme n'a montré plus de cette constance qui ne se rebute jamais. Cette conduite est celle de tous ceux qui sont parvenus avec moins de caractère que lui.

Buonaparte se jeta dans la débauche. Il attendait, tous les jours, dans les cafés de Paris, le petit écu ou le dîner de taverne, offerts par d'anciens officiers qu'il méconnut depuis. (†) Il recherchait les comédiens pour apprendre, disait-il, à bien parler. Il prononçait : *estrement, aujoudi, section du corps législatif,* pour extrêmement, aujourd'hui, session. Talma, qui lui donna des leçons *de dignité impériale,* n'avait pas corrigé ce défaut en 1814. Dugazon payait souvent le dîner de Buonaparte, et le faisait entrer aux Français par la porte des acteurs, comme son élève. Buonaparte conserva

---

(*) Buonaparte rapporta d'Egypte le germe d'un mal que les médecins nomment Catalepsie; elle fait éprouver un frémissement semblable à la peur. L'œil est fixe, le corps immobile.

(†) Tilly qui lui avait prêté 25 louis, mourut dans l'exil à 50 lieues de Paris. Fréron pour avoir trop dit qu'il avait nourri la famille Buonaparte, n'obtint qu'une Sous-Préfecture à St. Domingue, qu'il regarda comme un exil. Il envoya à l'échafaud Arena, qui l'en avait sauvé à Nice, en 1793.

avec lui une longue familiarité ; mais un jour lui frappant sur le ventre, il lui dit : " Comme vous vous arrondissez, Dugazon."—Pas autant que vous, petit Papa, répondit le comédien ; vous vous y entendez mieux que moi." De ce jour, Buonaparte ferma sa porte au valet de comédie, et ne vit que Talma dont les rôles de Roi interdisent la plaisanterie, de souverain à souverain.

La guerre civile était près d'éclater dans Paris ; elle ranima les espérances de Buonaparte. La Convention, pour grossir le nombre de ses partisans, avait ouvert les portes des prisons à trois cent mille Français royalistes, ou ennemis de Robespierre ; une armée de jeunes gens s'était formée d'elle-même dans Paris ; elle avait démoli le tombeau de Marat, érigé sur la place du Carousel et avait jeté son cercueil dans un égout. Dans les Provinces, on tuait à chaque rencontre les chefs des comités révolutionnaires ; on les envoyait aux échafauds qu'eux-mêmes avaient dressés. Les démagogues criaient dans la Convention que c'était une *réaction* royaliste. Robespierre avait été renversé, mais par des rivaux qui tremblaient pour leur propre vie. Ils se souvenaient qu'ils avaient été les complices ou les tranquilles témoins de ses cruautés ; ils accusaient d'ingratitude ceux qu'ils avaient délivrés, et s'allarmèrent d'un changement qui devait tourner au profit d'autres députés amoureux d'une liberté modérée ; ces députés aspiraient aussi aux premières places dans le Directoire et les ministères. La Convention, quelque temps tolérante et humaine, en vint au point de craindre moins les jacobins qu'elle avait poursuivis, que les royalistes ; elle accusa les derniers de n'avoir offert leur appui qu'afin d'approcher d'elle de plus près dans le dessein de la renverser. Les hommes de bien étaient timides, comme ils le sont dans toutes les assemblées, où ceux qui respirent la faction ont seuls du courage. Le parti opposé était ces députés qui, dans les départemens et aux armées s'étaient joué de la vie de leurs semblables ; ils avaient des intelligences avec le bas-peuple de Paris, plus redoutable quand on le paye que les trente mille bourgeois qui venaient de prendre les armes.

Toute la Convention devait être renouvelée ; mais sous prétexte de veiller à la constitution, son ouvrage, elle décréta qu'un tiers seulement serait remplacé par de nouveaux membres. Les conventionnels craignaient d'être mal accueillis en rentrant dans leurs provinces et d'y subir le reproche d'avoir commis les crimes ou de les avoir soufferts. Les assemblées primaires étaient déjà convoquées ; elles bravaient la loi de la Convention. Cette Convention qui avait fait tomber les fers de tant de royalistes, chercha d'autres auxiliaires ; elle tira les républicains fanatiques des prisons où elle-même les avait plongés, elle rappela quatre mille officiers qu'elle avait destitués ; elle donna à ces hommes, déterminés à brûler Paris, le nom de phalange sacrée ; elle devait dissiper les trente mille bourgeois qui voulaient forcer la Convention à céder la place à de nouveaux députés. Ces bourgeois perdaient le temps à délibérer au lieu d'agir. On se défiait dans les rues; des jeunes gens de la garde Parisienne tirèrent des coups de pistolet sur les grenadiers de la Convention. Elle déclara que si elle était attaquée, elle se retirerait à Châlons-sur-Marne, et que des colonnes détachées de toutes les armées marcheraient contre les révoltés. Les Sections se rassemblèrent ; on leur signifia de se séparer. Celle du Théâtre Français répondit par un des axiómes de la révolution, que *le peuple était souverain.* Celle de Lepelletier avait braqué un canon dans la rue Vivienne ; le général Menou commandant de Paris n'osa pas l'enlever. La Convention mécontente le remplaça par Barras. Ce fut le moment de la fortune de Buonaparte ; Barras le prit pour son lieutenant.

Les citoyens de Paris mirent le général Danican à leur tête ; il avait combattu dans la Vendée avec plus d'humanité que d'autres géneraux dans la guerre étrangère. (*) A voir les deux partis en présence, l'un bien armé, l'autre sans canons, sans expérience, il était facile de juger de quel côté devait demeurer la victoire. Il serait utile de rappeler cette journée aux Parisiens, si on leur persuadait qu'il a toujours suffi de cinq ou six mille hommes d'infanterie et de quelques escadrons pour les réduire. Le général Danican parla à leurs

---

(*) M. Chéron à donné le premier une Relation bien écrite de cette journée. Voyez la page 33 dans les notes de son Ode aux Français.

assemblées des forces de la Convention qui ne demandait pas mieux que d'être attaquée ; il leur demanda où étaient leurs canons, leurs munitions, leurs vivres. On lui répondit que les troupes de ligne ne tireraient pas sur les citoyens, qu'il n'y avait pas un instant à perdre, que la victoire était certaine.

Si les Parisiens avaient fondu impétueusement sur la Convention avant ces formidables apprêts, la surprise l'eût dispersée. Mais alors si le général Danican eût cédé aux esprits ardens, il eût allumé la guerre civile dans toutes les rues. Et qui sait où se seraient arrêtées les proscriptions ? Etait-ce à des bourgeois qui venaient de s'armer d'un fusil, à juger les périls mieux qu'un général qui, d'un coup d'œil, voit tout ce qu'il doit espérer. Le général Danican s'aperçut que ses objections inspiraient de la méfiance. " Je n'avais plus, dit-il, qu'à monter à cheval, et saisir tous les moyens de conjurer l'orage. J'assignai des postes à plusieurs bataillons, je leur fis jurer de ne point attaquer. Dans cette journée malheureuse, il ne fut question ni du retour vers la Monarchie, ni du dégoût qu'inspirait depuis longtemps la République. Il n'y avait, de notre part, ni plan, ni dispositions. On voulait simplement le désarmement des terroristes et la liberté de choisir ses députés. C'est à tort qu'on dit qu'on entendait partout les cris de *vive le Roi* ; il fallait ce prétexte pour nous canonner et imposer silence à ceux qui réclamaient les véritables droits du peuple ; des cris de *vive la République*, furent répétés vis à vis des bouches à feu qui devaient donner la mort à ces Républicains."

La rue St. Honoré, les ponts, les quais étaient couverts de bataillons de citoyens ; mais il n'y avait ni ordre, ni accord. Chacun voulait être maître, ou menaçait de se retirer. Les Tuileries, château fort de la Convention, étaient défendues par de l'artillerie et le bataillon sacré ; Buonaparte les commandait.

" Le combat entre les sections et le gouvernement, continue le Général Danican, n'était point égal ; j'eusse été coupable de le tenter. J'écrivis au comité de Salut Public, que les Parisiens n'avaient pris les armes que dans la crainte d'être massacrés par les terroristes dont la Convention venait de s'entourer. Je demandai une réponse qui pût rassurer les habitants de Paris ; je conjurai les comités, au nom de l'humanité et de la patrie, d'épargner le sang français, d'arrêter les horreurs d'une guerre civile, dont eux seuls seraient responsables envers la France et la postérité. Ces paroles de paix inquiétèrent beaucoup plus les comités que si j'eusse menacé de mettre tout à feu et à sang."

Un coup d'état était nécessaire pour porter Barras au directoire, et Buonaparte au commandement des armées. Ce sont presque toujours ces petits ressorts, couverts du nom de l'intérêt du peuple, qui allument les guerres civiles ou étrangères. On fit dire au Général Danican qne vingt-quatre députés allaient rassurer les citoyens, et que tout serait oublié si les sections armées se retiraient. Le Général Da- mican, plein de joie, porta rapidement ces paroles à plusieurs bataillons, criant de toutes ses forces : " Point de guerre civile." Il imposa silence à tous ceux qui parlaient d'attaquer, et qui furent les pre- miers à fuir.

" La Convention avait fait placer des canons à toutes les issues (*); elle avait une légion d'officiers- généraux pleins de courage et de talent, brûlant de prouver à la Convention toute l'injustice de leur destitution (les monstres eussent tué l'univers pour redevenir généraux), un général en chef jouissant d'une confiance sans bornes. Bien convaincu que la Convention ne pouvait être prise d'assaut, qu'une attaque était impraticable, j'adoptai le parti le plus sage et le plus militaire ; j'invitai quelques chefs à reconduire les troupes dans leurs arrondissements, qnand des coups de feu partirent du côté dn Pont- Neuf, de la rue de l'Echelle et de Saint-Roch. Je me portai rapidement au cul-de-sac Dauphin, à tra- vers les postes de la Convention. On me crie que des gens cachés viennent de faire feu sur la porte de Saint-Roch : c'était là que Buonaparte commandait. Il ordonna une seconde décharge de mousquetterie ; le bataillon de la Butte-des-Moulins riposta vive- ment. Je fis des efforts pour arrêter le mal; il

---

(*) Essai sur le 13 Vendémiaire, publié par H...., page 47.

n'était plus temps.   Au même instant le canon renversa la foule qui couvrait les degrés de Saint-Roch, Le désordre se mit dans les bataillons qui, prets à se retirer, ne s'attendaient pas à une attaque.   On résista près d'une heure à la mitraille; mais enfin il fallut se replier."

" J'étois placé au milieu de la rue Saint-Honoré, examinant tout avec le plus grand sang-froid.   J'exhortois les Parisiens à se loger dans les maisons, lorsque je m'aperçus que l'artillerie du poste des Feuillans et de la rue de l'Echelle nous prenait en flanc des deux côtés : le bataillon de la butte des Moulins se battit jusqu'à la dernière l'extrémité ; d'autres furent tués en se précipitant sur les canons. Une heure avant l'attaque j'avais une nombreuse escorte de cavalerie, et au moment du danger, deux seulement restèrent près de moi. Nous montâmes les derniers les marches de Saint-Roch, au milieu d'une grêle de coups.   On se retira sur mille points à la fois, en criant de toute part *à la trahison* ; l'artillerie balayait les rues ; en un instant tout fut perdu et désespéré. Quelques jacobins semaient partout l'épouvante, d'autres publiaient qu'ils m'avaient vu passer du côté de la Convention.   J'arrivai à la section Lepelletier au moment même où un jeune orateur tonnait contre moi à la tribune, et sur la motion de cet insensé, qui avait prouvé que j'étais vendu au gouvernement, quelqu'un s'était chaigé de se débarrasser de moi."

" Au milieu des beaux discours, les troupes conventionnelles faisaient des progrès terribles, et rompaient tous les obstacles à coups de canon. Ce n'était pas le cas de descendre de cheval pour me justifier ; je proposai donc de laisser sur les lieux une force suffisante, et de voler au secours du brave et malheureux Lafond qui défendait le fauxbourg Saint-Germain. Je me mis à la tête de la colonne ; je voyais sur toutes les figures l'empreinte de la colère et de la défiance, et un propos qui me fut rendu me glaça d'horreur et de désespoir sans me décourager."

" D'un autre côté, deux sections fidèles à la Convention, chancelaient à leur poste, qui était le pont Neuf ; elles attendaient l'issue du combat : il ne fallait qu'une étincelle pour porter les Parisiens à faire feu les uns contre les autres, et tout était combiné pour cela."

" Je fis mettre en bataille, et je prévins qu'il ne nous restait plus d'autre ressource que de marcher droit aux batteries du pont Royal, tandis que Lafond inquiéterait l'ennemi par les rues voisines : à l'instant même le chef du bataillon d'Henri IV m'aborde, et me dit à haute et intelligible voix, que les citoyens de sa section étaient décidés à ne point attaquer ; je lui répondis brusquement qu'il n'y avait que deux partis à prendre, savoir : se battre ou se retirer ; au moment où, accablé de rage et d'inquiétude, je tâchais de ramener les esprits, nous recevons une volée de canon ; plusieurs malheureux tombent ; on veut riposter, et notre feu renverse un de mes aides-de-camp, son cheval tué lui roule sur le corps. Ces coups redoublent et font un épouvantable ravage; le feu des batteries traversait la rivière, et le canon placé au haut du pont Royal enfilait le quai des Théatins. Que pouvaient des citoyens sans munitions ? Que pouvaient des pères de famille contre une armée d'élite ? qu'avions-nous enfin à opposer à des dispositions atroces ? Tous les cœurs étaient glacés, l'horrible confusion et la nuit faisaient fuir tout le monde. Le courage devenait inutile. La consternation générale ne me permettait plus de tenter de nouveaux efforts; Je partis donc avec Lafond; quelques cavaliers nous suivirent.

A la hauteur de la rue Dauphine, j'engageai Lafond à me suivre, en lui annonçant que s'il passait les ponts, il ne pouvait manquer de tomber dans les mains des brigands. Il ne voulut pas me croire, il fut arrêté. Je me retirai chez un brave homme qui, dans l'affreuse nuit du 5 Octobre, eut le courage de me donner l'hospitalité ; je partis le lendemain de Paris en plein midi ; mais je fus forcé d'y rentrer le soir même, car les routes étaient inondées d'émissaires de la Convention. Je livre à leurs remords ceux qui firent courir le bruit que j'étais un traître, et qui arrêtèrent gravement à la section qu'il fallait me brûler la cervelle : résolution prise par des gens crédules ou exaltés, qui d'ailleurs ont connu tant d'hommes sans foi ni loi, qu'il leur était bien permis de douter de la franchise de celui qu'ils ne virent, que quelques momens. Je ne pris le commandement général qu'à dix heures du matin, et je fus complètement battu à six heures du soir. Il est faux que les sections aient commencé l'attaque ; " Je crois avoir démontré qu'il m'était impossible de vaincre : la défaite des sections est l'ouvrage de gens qui ont parlé pendant un mois, au lieu d'agir vigoureusement et avec célérité ; le 13 Vendémiaire a été, pour les Parisiens, la journée des dupes, et je l'avais prévu. Il dépendait de moi de faire perdre la vie à cinquante mille Parisiens. Il ne fallait pour cela que de l'étourderie, et une sotte ambition. Brigands vainqueurs ! ne pouvais-je pas loger des citoyens dans chaque maison, et exterminer vos soldats par les fenêtres ! ne pouvais-je pas tout faire barricader, et porter les habitans de Paris aux plus cruels excès du désespoir? Oui, sans doute ; mais qu'en résultait-il ? que vous aviez préparé des bombes, des obus, des boulets rouges, que Paris étoit incendié, et qu ela victoire n'en était pas moins à vous.

Le Général Danican eut le bonheur d'échapper à une commission militaire qui le condamna à mort par contumace : il se retira en Allemagne. Il éprouva ce qui arrive presque toujours aux chefs de parti dans les mauvais succès ; on l'accusa d'être un traître. " Pourquoi donc, a écrit M. Chérion, n'a-t-il pas recueilli, comme tant d'autres, le fruit de sa trahison ? Je sais qu'on me répondra : On rejette l'instrument dont on s'est servi. Mais cette maxime, à l'usage des gouvernemens qui joignent à la force une politique sourde et mystérieuse, ne fut jamais celle des anarchistes et des fanatiques de la révolution ; la trahison fut constamment chez eux le premier titre d'avancement. › Combien ne citerais-je pas de ces adroits *Protées* qui n'ont dû leur fortune et leurs places qu'aux plus criminelles maneuvres, aux plus basses et aux plus perfides délations ?"

Les orateurs de la Convention firent retentir la tribune de leurs discours, pour persuader au peuple que la justice était de leur côté. Selon eux, les bataillons des bourgeois de Paris s'étaient avancés, le chapeau au bout du fusil, le mot de paix à la bouche, au moment où des décharges de mousquetterie renversèrent trente soldats de la Convention, dont les canonniers s'étaient laissé tuer avant que d'autres tirassent pour les venger. Barras dit que c'était aux dispositions savantes et promptes de Buonaparte qu'on devait le salut de l'assemblée; elle le confirma par acclamation dans la place de commandant de Paris.

13 vendem. an III.
—
Octobre, 1794.

Cette journée fit périr plus de deux mille Parisiens. Buonaparte, premier consul, ne pouvant la faire oublier, tenta d'en diminuer l'horreur. Il fit écrire dans les journaux qu'il avait épargné des torrents de sang, en tirant toute la nuit des coups de canon à poudre pour effrayer les citoyens armés qui voulaient revenir à la charge. Il dit un jour à un de ses courtisans : " Si la Cour en eût fait autant en 1789, il n'y aurait pas eu de révolution."

La faction victorieuse voulut faire égorger dans

une seule nuit vingt-deux députés qui avaient pen-
ché pour l'armée parisienne; M. Chiappe, d'Ajaccio,
s'opposa à cet horrible décret. Nous avons vu,
vingt ans après, M. Pozzo di Borgo né dans la même
ville, rendre un plus grand service à la France, en
contribuant à la chûte de l'homme qui réunissait
les crimes et les fureurs de la Convention.

On livra à des commissions les noms de cent-
trente accusés; quarante-six furent condamnés à
mort par contumace. M. Lafond de Soubé, ancien
officier du Roi, et M. Lebois, président du tribunal
criminel, furent exécutés sur la place de Grève (*).

La Convention, docile au vœu de la nation quand
elle n'était pas opprimée, devait nommer aux cinq
places du Directoire, le général Pichegru, l'amiral
Villaret-Joyeuse, Barthelemy ambassadeur, Boissy-
d'Anglas et Lanjuinais; elle fut forcée d'approuver
le choix que ses comités firent de Rewbell, Barras,
Lareveillère-Lépaux, Letourneur et Carnot qu'on
lui présentait comme des républicains rigides. Buo-

(*) MM. Quatremère, Cadet de Gassicourt, de Langéac, Du-
chosal, Castellane, Dutrosne, de Salverte, de Vaublanc, de Lade-
vèse, Poncelin, Durand; les présidents ou secrétaires de sec-
tions, Chapotin, Gauthier, Hocmelle, Daumangé, Coqueret,
Doerdenelle, Leroux, Duménil, Taillepied de Bondy, Chaumont,
Patel, Cheret, Daureuville, Périgny, Budaut, Saucède, Jadin,
Dubreuil, de Saint-Julien, Delaloy, Bouché-René, Charpentier,
Archambault, Sandrin, Nourry, Framboisier, Segalia, Juneau,
Saint-Didier, d'Aubry, Saint-Venant, Souriguère, Ribouté. Tous
ces accusés avaient pris la fuite: le général Menou fut acquitté.

naparte devint commandant en chef de l'armée de l'intérieur, par la démission de Barras.

Ce directeur étala une sorte de luxe dans le palais du Luxembourg, aux yeux de ses collègues qui avaient plus d'avarice ou de simplicité. A peine fut-il au premier rang dans la république, qu'il montra pour la dépense et l'éclat le goût que la pauvreté lui avait interdit. Né en Provence en 1755, d'une des premières familles, aussi ancienne que celle des Sabran, des Crillon, des Castellane, des Pontevès, des Sades, des Grammont-Caderousse, des Caumont, des Glandevès, des Villeneuve et des Porcelet, il s'était distingué par sa bravoure dans les Indes orientales. Une injustice qu'il prétendait avoir éprouvée de M. de Castries, à son retour en France, l'anima contre toute la cour; il écrivit contre elle, et fut un des vainqueurs de la Bastille. On le trouve toujours dans les partis extrêmes pendant le cours de la révolution, excepté au 9 thermidor, an 2, où il déploya un grand courage contre le tyran populaire. Il recherchait la société des hommes et des femmes nobles qui avaient, comme lui, *donné des gages à la révolution*. Carnot l'accuse dans ses Mémoires d'avoir de la prédilection pour les *nobles tarés*. Il parut s'attacher à Mad. de Beauharnais, la quitta pour de plus brillantes conquétes, et proposa à Buonaparte de l'épouser. La cour de la république était à peine formée, qu'on y parvenait par les mêmes moyens qu'à la cour des rois.

Joséphine de Beauharnais était née à la Martinique, en 1769, de M. Tascher de la Pagerie, riche colon. Elle épousa, en 1779, le vicomte de Beauharnais, capitaine de cavalerie, recherché à la cour par le grand art de plaire. Quand l'amour fut épuisé, les deux époux se brouillèrent. Le mari volage ne voulait point pardonner à la vicomtesse les hommages dont elle était l'objet. A la grâce, à la douceur, elle joignait la vivacité des créoles. Les Beauharnais lui reprochaient de n'être pas d'un sang assez noble pour s'être alliée à eux. Joséphine se retira dans un couvent jusqu'aux premiers jours de la révolution, qui vint favoriser le penchant de toutes les femmes pour l'indépendance.

Le vicomte, alors major du régiment de Hainault, fut député aux Etats-Généraux par la noblesse de Blois. Cette philosophie, qu'il crut pouvoir appliquer aux lois du royaume, remplaça en lui ces riens sérieux qui occupent le courtisan. Il excellait dans les arts où la grâce du corps se déploie. Nos écrivains ont rarement loué cet avantage dans un homme de guerre; les historiens de la Grèce font honneur à Epaminondas de son talent sur la flûte, et nomment le maître qui l'enseigna (*). M. de

---

(*) Un jour que l'abbé Maury lui parut mécontent de l'effet d'un de ses discours à l'assemblée constituante, le vicomte de Beauharnais lui dit: " Nous ne sommes plus au temps où l'on donnait un évêché pour un sermon. Ne vous en plaignez pas, lui répliqua l'abbé; c'était aussi le temps où l'on donnait un régiment pour un menuet."

Beauharnais fut un des premiers membres de la noblesse qui passèrent du côté du tiers-état, Il s'éleva contre l'injustice qui fermait alors les places au mérite indigent, et qui eût éloigné de la représentation nationale Rousseau et Mably. Il fit décréter en 1791 que les soldats pourraient fréquenter les clubs hors le temps du service. Ce fut, de toutes les lois imprudentes de l'assemblée nationale, la plus funeste à la discipline. Le comité de salut public le destitua, quand il commençait à signaler son courage et son talent pour commander. Le tribunal révolutionnaire l'accusa d'une inaction de quinze jours à la tête de son armée, ce qui, disait-il, avait contribué à la perte de Mayence; d'avoir conspiré avec Louis XVI, le 10 août, contre le peuple, et d'avoir tenté d'ouvrir sa prison, avec des conjurés, pour assassiner la convention nationale. Il marcha à l'échafaud avec une fermeté égale à son courage.

Madame de Beauharnais avait langui long-tems dans une prison où elle connut le général Hoche, général en chef à vingt-deux ans, et qui avait repris toutes nos places fortes du Rhin sur l'ennemi. Le comité de Salut Public l'avait fait enfermer après ses victoires. M. Tallien député, et M. de Meulan fils d'un ancien receveur général envoyaient à Josephine de Beauharnais des consolations et des secours. A peine Hoche fut-il rendu avec elle à la liberté qu'il devint jaloux; il fut des amans de Josephine celui qui l'offensale plus, et qu'elle aima toujours davantage. (*)   Elle le pleura quand il mourut empoisonné et s'enferma, plusieurs jours, dans une solitude.   C'est le seul homme qui lui ait fait éprouver une de ces passions vives que les mauvais traitemens et la raison ne peuvent jamais vaincre chez les femmes.   Elle épousa Buonaparte sans penchant; elle était dans l'indigence. Sa docilité aux ordres du directeur Barras lui valut le titre de femme du général en chef de l'armée d'Italie, et à Buonaparte une alliance qui flattait cette ambition qui devait s'élever jusqu'à la main de la fille d'un Empereur.

Les deux époux étaient si pauvres qu'on ne put trouver d'argent pour l'équipage du général en chef 1794. qui allait entrer en campagne.   Quand le marchand remit son mémoire, Buonaparte lui dit: " Douze mille francs ! c'est bien ! Je pars : vous serez payé, à ma première victoire."   Le marchand resta interdit sans oser se plaindre.   Dès que Buonaparte arriva

---

(*) Ce général, avait un caractère violent ; presque toutes ses liaisons se terminaient par des outrages ; j'ai vu une lettre de lui dans les mains du général Chérin ancien généalogiste du Roi, alors son chef d'état-major.   Celui-ci devait la remettre ouverte à une dame qui dut à sa beauté un rang dans la république, elle finissait ainsi : " Je ne pense pas, Madame, que ce soit encore assez pour vous que de m'avoir donné trois rivaux, depuis un mois ; pour vous consoler de mon absence, je vous envoie les douze plus beaux G**** de mon armée."

1794. aux premiers postes de l'armée, les soldats se moquèrent de sa mauvaise mine et le nommèrent le petit caporal."—" Le petit caporal, dit un auteur anglais, devait bientôt leur faire voir qu'il était un grand capitaine,"

CHAPITRE IV.

Situation de l'armée d'Italie quand Buonaparte vint la commander. Portraits de ses lieutenants et du Baron de Beaulieu général en chef de l'armée autrichienne.

L'AILE droite des Français s'était avancée dans les Apennins jusqu'à Vado, près de Savone ; de ce point jusqu'au col de Crisauge, ils avaient à défendre une ligne de près de cent lieues, sur des monts escarpés, et dans les sinuosités des vallons qui séparent les montagnes. Ils étaient quarante six mille contre cinquante mille Autrichiens, Napolitains, ou Piémontais. La ligne des deux armées formait à peu-près un demi-cercle. L'ennemi avait derrière lui les plaines fertiles du Piémont, les Français avaient, d'un côté, la mer occupée par une escadre anglaise, et, de l'autre, les départemens arides et montueux du Var, des Basses et Hautes-Alpes, de l'Isère, et du Mont-Blanc. L'armée autrichienne était commandée par l'un des plus habiles généraux de l'empereur, le maréchal de Wins ; son plan était vaste et bien combiné. La Provence était agitée par des mécontens : les moindres succès des ennemis leur ouvraient plusieurs provinces. Les habitans des pays conquis, connus sous le nom de *Barbets*, enlevaient nos convois, et tuaient nos détachemens et les soldats isolés.

Les Autrichiens et les Napolitains, au nombre de soixante mille, étaient en face de la droite de l'armée d'Italie, forte à peine de dix-neuf mille hommes. C'est sur ce point que le général autrichien dirigeait ses efforts, tandis que les Piémontais devaient percer la gauche des Français pour leur fermer la retraite par le Var : une escadre anglaise croisait sur les côtes de la rivière de Gênes. Kellermann, qui vint remplacer Schérer, reconnut que la ligne de cette armée était beaucoup trop étendue contre des forces trois fois plus nombreuses ; il se replia sur Borghetto, entre Loano et Albenga. Les ennemis malgré leur nombre, pendant quatre mois, ne purent jamais entamer cette dernière position où le général Kellermann s'arrêta. Quarante-trois batailles ou combats furent livrés, tant à l'armée des Alpes qu'à celle d'Italie. La bataille du Petit-Gibraltar, dans la ligne de Borghetto, fut funeste à l'ennemi, qui y perdit beaucoup de monde. Presque toujours au même instant les Autrichiens attaquaient la droite, les Piémontais le centre et la gauche, tandis que les Anglais, par des descentes sur les derrières, cherchaient à détruire nos établissemens sur la mer. Les Français prouvèrent qu'ils sont aussi fermes lorsqu'ils se défendent, qu'intrépides lorsqu'ils attaquent. L'ennemi ne put jamais gagner une lieue de terrain. Le général Serrurier arrêta, avec moins de trois cents hommes, une colonne de plus de quinze cents Piémontais qui avaient pénétré jusqu'à Saint-Martin de Lautoca. Ils furent tous tués ou, faits prisonniers.

Quand la paix avec l'Espagne fut conclue, le comité de Salut Public accorda des renforts à l'armée d'Italie. Le général Kellermann fait un plan d'attaque qu'il envoie au comité de Salut Public; on le verra suivi par Buonaparte. Ce plan eut le sort de presque tout ce qu'on invente; un autre en profita. Kellerman voulait, à quelque prix que ce fût, pénétrer dans l'intérieur de l'Italie, au moment où les Autrichiens affaiblis s'occupaient de leurs quartiers d'hiver. Tandis que les deux armées des Alpes et d'Italie devaient s'ébranler pour laisser l'ennemi dans l'incertitude, les principaux efforts se seraient portés du côté de Garezzio pour s'emparer des deux rives du Tanaro; là finissait la droite des Autrichiens, et commençait la gauche des Piémontais. Le but de Kellarmann était de couper les deux armées ennemies, et de fermer le retraite aux Autrichiens par leur droite, tandis que le long de la mer il aurait poussé leur gauche, que le feu de nos chaloupes canonnières aurait incommodée pendant sa retraite. D'après ces dispositions, les Autrichiens et les Piémontais, coupés, étaient forcés d'abandonner leurs magasins, et de se retirer promptement vers le Milanez pour couvrir leurs possessions d'Italie; une partie de notre armée les aurait suivis sans

An IV.

leur donner le tems de respirer. Dans cet inter-valle, le roi de Sardaigne, privé du secours des Au-trichiens, et voyant ses états de Piémont envahis de toutes parts devait faire sa paix particulière. Le général Kellerman fut injustement remplacé par Schérer qui se chargea d'exécuter ce plan d'offensive. Ce dernier attaqua trop tard. Il battit l'armée ennemie, mais il ne pénétra pas en Italie.

Le Roi de Sardaigne n'avait encore perdu que la Savoie, le Comté de Nice, et ce territoire du rivage de Gênes, qui s'étend de Savone à Voltri. Le Directoire, impuissant ou timide, n'avait pas su pro-fiter des victoires de ses généraux ; il avoit laissé le temps à ce roi, à l'empereur d'Allemagne, au pape, au roi de Naples de lever deux cent quatre-vingt mille hommes, secourus de l'argent que donnaient, en secret, le duc de Parme, Gênes et Venise. La France n'opposa à ces armées que cinquante-six mille hommes et un général de vingt-six ans. M. Carnot, plus savant que Louvois dans les plans de campagne, et plus exempt d'envie, avait reconnu dans Buonaparte le génie qui peut maîtriser la fortune. Quand ce général arriva sur les rochers de Gênes, il trouva des soldats nus et affamés. Le salut d'une armé qui périt est de vaincre ; il leur montra es plaines fertiles du Piémont. " Si nous sommes vaincus, disait-il, j'aurai trop ; vainqueurs, nous n'aurons besoin de rien."

Le Vicomte de Barras, l'un des maîtres de la France, avait donné à Buonaparte les troupes les plus

aguerries de la République conduites par des géné-
raux intrépides. C'étaient Augereau, Masséna,
Berthier, Joubert, Lannes, Alexandre Dumas,
Delmas, et Murat.

(*) Masséna, né à Nice en 1756, était entré, en
1775 comme soldat dans le régiment de Royal-Italien.
Il avait consumé dix-sept ans de sa vie dans les
grades de caporal, de sergent, de fourrier et d'adju-
dant. Au commencement de la guerre, en 1792, il
parut à l'armée d'Italie à la tête d'un bataillon de
jeunes volontaires qu'il avait formés. Dans une action
qui demandait une tête intrépide, il sauta le premier
dans une redoute et l'emporta. Nommé général en
1793, sa bravoure éclata au siége de Toulon, et dans
les innombrables combats qu'il livra, sous d'Agobert,
Schérer et Kellermann au milieu des rochers et des
précipices des Apennins. Augereau (†), né à Paris en

(*) Masséna est le fils d'un artisan Juif qui avait abjuré sa
religion et qui changea son nom de *Manassé*, qui est bien hébraï-
que, en celui de Masséna. Il s'engagea à 7 ans comme matelot.
Après sa guerre en Suisse et sa défense de Gênes, il fut assez
riche pour acheter Ruel, maison presque royale qui avait appartenu au cardinal de Richelieu. Il avait, l'an 1812, trente millions
en terres, ou en argent, sans compter ses dotations de duc,
de Prince &c.

(†) Augereau est l'enfant d'un fruitier du faubourg St.
Marceau Il s'engagea très-jeune et déserta de six régimens sans
jamais avoir été pris. Il a été maître d'armes à Naples; il en
sortit pour avoir donné un soufflet à un jeune prince qui
l'avait insulté en prenant une leçon d'escrime. C'était s'exposer

1757; soldat pendant quinze ans, il fut élevé au grade de général de division en l'an 2 de la république. Placé à l'avant-garde de l'armée des Pyrénées Orientales, composée de recrues, il l'instruisit et la disciplina. En quatre mois, la manœuvre de ses soldats égala celle des vieilles bandes espagnoles. Il leur enleva, en 1793, la belle fonderie de la Moga et Bellegarde : au poste de St. Roch, trente hommes de sa division repoussèrent six mille ennemis. Il remporta les dernières victoires qui forcèrent l'Espagne en 1794 à conclure la paix avec la république. Alexandre Berthier, fils du gouverneur de l'hôtel de la guerre, avait combattu pour la liberté des Etats-unis avec Rochambeau et La Fayette. Chef d'état-major sous Luckner à l'armée du Nord, et sous Kellermann à l'armée d'Italie, il avait montré de rares talens par l'ordre qu'il avait établi dans ces deux armées, et par les reconnaissances si difficiles dans les sinuo-

à perdre la vie, ce qui suppose de l'audace et même quelque grandeur. Il était garçon de salle dans les maisons de jeu de hazard du Palais Royal quand la révolution arriva. M. Goldsmith, auteur du cabinet de St. Cloud, a dit qu'Augereau avait été marqué deux fois sur les épaules par la main du bourreau, en Allemagne. Nous assurons que c'est une calomnie. On évalue sa fortune à quinze millions, qu'il a pris. Buonaparte lui donna fort peu en dotations. Il haïssait sa familiarité insolente et méprisait la bassesse de sa naissance. Augereau, comme tous ces républicains si épris de l'égalité en 1793, a cédé à la foiblesse d'épouser une fille de qualité.

sités des Alpes. Joubert, (*) fils d'un avocat de Pont-de-Vaux, s'était échappé, à quinze ans, du collége pour s'engager comme grenadier. Né avec un corps foible, il l'avait fortifié par de rudes exercices. Il affectait d'être un républicain rigide. Prisonnier en 1793 à Turin, il répondit au Ministre du Roi qui lui demandait s'il était noble: " Je suis citoyen français." On jugera de son intrépidité par ce seul trait: à Mélagno, il avait osé attaquer six mille Hongrois avec deux mille hommes. Il perdit la moitié de sa troupe; il s'exposa à dix pas de la mitraille; il voulait s'entourer dans la redoute. Lannes, (†)

(*) Joubert n'eut pas le temps d'aller à la fortune par des rapines; il fut tué à la bataille de Novi, gagnée par Souvorrow. Il ne laissa que cent mille écus à une demoiselle de condition, nommée de Semonville, qui l'épousa en 1797.

(†) Lannes en 1793 s'était rendu si redoutable par sa violence que les paysans de son village allumèrent des feux de joie, la nuit deson départ pour l'armée. Il abandonna ses enfans et sa femme, qui n'eut d'autre ressource que d'être marchande d'herbes sur la place publique. On assure qu'il épousa la fille du sénateur Guéheneu sans recourir aux formalités du divorce avec la malheureuse qu'il laissait mourir de faim dans ungrenier; tant Buonaparte et ses favoris se croyaient au-dessus des lois. On connaît ses cruautés en Espagne. Après la prise de Sarragosse, ilparut vouloir rassurer les plus riches habitans par un festin; Il leur fit demander toute leur argenterie. Il ne donna point de fête, et disparut le lendemain avec toute la vaisselle qui valait près de deux millions. blessé à Wagram, il vomit des imprécations contre Buonaparte qu'il accusa de sa mort. Le juge de paix, qui fit l'inventaire de sa fortune, trouva dans son palais vingt millions en or monnoyé ou en lingots.

garçon teinturier, naquit 1771 à Lectoure. Il partit comme sergent-major pour l'armée des Pyrénées Orientales, où il mérita par sa bravoure le grade de colonel. Réformé en 1794 comme *terroriste* par le deputé Aubri qui lui-meme avait voté pour la mort du Roi, il se rendit comme simple volontaire à l'armée d'Italie. Ses premiers combats attirèrent sur lui tous les yeux de l'armée. Son élévation fut rapide. Murat était né en 1770 dans une hôtellerie sur la route de Cahors. Des voyageurs se souviennent encore de lui avoir donné quelque monnoie pour mener leurs chevaux à l'abreuvoir. C'est son premier trait de ressemblance avec Jeanne d'Arc intrépide, exaltée par le fanatisme, comme Murat le fut pour la liberté. Au moment où nous écrivons, il est encore Roi de Naples. Alexandre Dumas, bâtard d'une négresse, fut nommé en 1792 lieutenant-colonel d'une légion de cavalerie, toute composée de noirs et de mulâtres. Il attaqua, près de Lille, avec quatre cavaliers, un poste de cinquante hommes; il en tua six et fit seize prisonniers;' Il fut fait général de brigade. On peut remarquer avec quelle rapidité le courage élevait un soldat. Cette *légion noire* était la terreur de l'ennemi par les coups qu'elle portait et par des barbes rousses artificielles qui rendaient sa laideur effroyable. On l'envoya en l'an 3 dans la Vendée, " je voulus, dit-il dans ses mémoires, discipliner l'armée et mettre à l'ordre du jour la justice et l'humanité. Des scélérats calomnièrent le dessein que j'eus d'arrêter le sang qui coulait, ils m'accusèrent, dans la Convention, de manquer d'*énergie.*" Quelle leçon et quel exemple! Un homme, qui avait puisé la vie dans les flancs d'une africaine, reproche leur barbarie à des Français alors moins humains que ces sauvages dont-il était descendu! Delmas, d'une ancienne noblesse, avait été élevé à l'école militaire de Paris. Nos armées offrent peu d'exemples d'un avancement aussi rapide que le sien. Lieutenant en 1792, il s'éleva, en dix mois, au grade de général de division. Il avait défendu Landau contre le Prussiens : la prise du fort de Creve-cœur, en 1794, fut due à son audace. Le général Moreau, qui estimait se valeur l'avait nommé un des premiers entre les vainqueurs, aux batailles de Rastadt et d'Etlingen. Le Baron de Beaulieu commandait l'armée autrichienne ; il s'était illustré dans la guerre de sept ans. Né dans le Brabant, il étouffa la révolte de cette province en 1786, à la tête de quelques régimens. Après sa victoire, ses compatriotes louèrent son humanité. ' Dans un combat, on lui apprit que son fils unique venait d'être tué ; il dit à ceux qui l'entouraient. " Mes amis, ce n'est pas le moment de le pleurer, il faut vaincre." Mot comparable à celui de Xénophon, quand on lui annonça que son fils unique était mort glorieusement à la bataille de Mantinée.(*) Beaulieu avait battu Biron, pris

1793
et
1794.

(*) " Je savais qu'il était mortel." Et il acheva le sacrifice qu'alors il offrait aux dieux.

Menin aux Français et gagné le bataille d'Arlon
sur Jourdan. Il avait commandé, sous le Prince de
de Cobourg, un corp d'armée qui fut toujours victorieux. Il passait pour un général habile, brave et
prudent.

CHAPITRE V.

*Batailles de Montenotte, de Millésimo. Combats
de Dégo. Bataille de Mondovi. Armistice avec
le Roi de Sardaigne. Passage du Pô. Traité
avec le Duc de Parme.*

LES Autrichiens, unis aux Piémontais, défendaient les hauteurs des Alpes. M. de Beaulieu, à leur tête, renversa le centre des Français, et parut devant la redoute de Montenotte; c'était notre dernier retranchement. Rampon s'y replie avec son régiment, étend la main sur les canons, et jure de s'ensevelir sous ses ruines. Ses soldats répètent le geste et son serment. Les généraux ennemis tentèrent d'emporter la redoute d'assaut; ils furent repoussés trois fois. Buonaparte se porta sur le flanc des Autrichiens; deux de leurs généraux, MM. d'Argenteau et Rocavina, furent blessés; ils laissèrent quinze cents morts et trois mille prisonniers. C'était ouvrir une campagne difficile par une éclatante victoire.

Le comble du talent, avec une petite armée, était de séparer les Piémontais des soldats de l'Autriche, en passant les Alpes; Buonaparte en força les gorges près de Millésimo. M. de Provera, à la tête de deux mille grenadiers autrichiens, se retrancha dans les ruines d'un château élevé sur la montagne de Cossaria. Deux colonnes françaises s'avancent, l'arme au bras ; elles se troublent à la vue de leurs généraux tués au pied des remparts. La nuit survient. À la pointe du jour, les deux armées se trouvent en présence. Provera tenta de percer le centre des Français ; Buonaparte fit déborder l'ennemi jusqu'à Dégo, une de ses divisions passa le Bormida à la nage ; Provera se rendit. Buonaparte fit neuf mille prisonniers, tua deux mille cinq cents Autrichiens, prit vingt-deux canons, quinze drapeaux, des vivres et des munitions. Beaulieu revient et enlève Dégo. Buonaparte reprend ce village, s'y affermit, et coupe par là les deux armées ennemies ; il put alors tourner ses armes à Céva contre les Piémontais ; Augereau enleva leur camp retranché et entra dans la ville.

Les Piémontais s'étaient retirés dans des positions formidables, au confluent de la Cursaglia et du Tanaro ; ils avaient coupé les ponts et bordé les rives de batteries ; Massena passa le Tanaro. Un combat s'engagea au village de Vico ; les Français prirent la redoute qui couvrait le centre des Piémontais, et entrèrent dans Modovi. Ces rapides victoires effrayèrent la cour de Sardaigne ; le Roi se voyait réduit à s'enfermer dans la citadelle de Turin et à soutenir un siége ; il fit proposer un armistice par M. de Colli, général en chef de son

armée, Buonaparte lui répondit : " Quoique je
sois convaincu que le Gouvernement Français ac-
cordera des conditions de paix raisonnables à votre
Roi, je ne puis, sur des propositions vagues, arrêter
ma marche; il est cependant un moyen de parvenir
à votre but, et qui épargnerait une effusion de sang
inutile, c'est de mettre en mon pouvoir deux ou
trois forteresses, de Coni, d'Alexandrie, de Tortone,
à votre choix. Nous attendrons alors, sans hostilités, la fin des négociations qui peuvent s'entamer;
les intérêts mutuels qui doivent exister entre le
Piémont et la République Française me portent à
désirer vivement de voir éloignés de votre pays les
malheurs qui le menacent."

Buonaparte ne laissa point endormir sa prudence;
pour hâter l'armistice il augmenta la frayeur de la
cour de Turin, et marcha aux Autrichiens, après avoir
assuré les derrières de son armée. Il fait passer
l'Eléro à ses soldats et canonner Fossano. Masséna
culbuta les grand' gardes à Chérasco, où il trouva
vingt-huit canons et des magasins; Fossano et Alba
se rendirent   Buonaparte n'était qu'à huit lieues de
Turin; le Roi consentit à remettre les forteresses
de Coni et de Tortone pendant les négociations.
En moins de quinze jours, Buonaparte avait battu
deux grandes armées dans cinq combats et six batailles : il détachait des Alliés un souverain qui, deux
ans avant, maître de Toulon avec les Anglais, s'était
flatté de réunir à ses Etats la Provence, le Dau-
phiné et le Lyonnais. On sait qu'aucune guerre

n'avait été heureuse en Italie pour les Français sans la défaite ou l'alliance des Ducs de Savoie.

La faim avait entraîné les Français au pillage; mais à peine se furent-ils répandus dans les campagnes fécondes du Piémont, que Buonaparte mit un frein à l'avidité des soldats, qui craignirent le châtiment plus que le fer de l'ennemi. Le Piémont s'était enrichi, depuis cinquante ans, au sein d'une paix que rien n'avoit troublée. Buonaparte détourna pour lui une partie des contributions qu'il levait pour les besoins de l'armée; il donna l'exemple de cette corruption. Les généraux Dugommier et d'Agobert, en mourant, n'avaient pas laissé de quoi payer leurs funérailles. On avait vu, en 1793, la misère et la famine désoler les armées; nos soldats, sous Pichegru, furent réduits à une demi-livre de pain par jour, la paye des généraux n'était que de huit francs par mois; leur drap était grossier, ils n'avaient ni broderie, ni or, les épaulettes de tous les officiers supérieurs étaient de laine. Pichegru, vainqueur de la Belgique et de la Hollande, pays plus riche que l'Italie, en était revenu réduit aux besoins de la nécessité; il avoit refusé des magistrats des Provinces-Unies une pension de vingt mille francs qu'ils lui avaient offerte pour honorer sa modération et le désintéressement de ses soldats. J'ai vu, en 1797, Kleber et Moreau pauvres, mais admirés; ils attendaient impatiemment tous les mois leur traitement de général pour vivre dans l'asile le plus modeste. On peut comparer cette pauvreté à l'opulence que les conquêtes de Buonaparte introduisirent dans les armées. Les Français entrèrent dans Alexandrie, et s'emparèrent des magasins ; à Tortone, dont les fortifications nouvelles coûtaient au Roi plus de quinze millions, ils trouvèrent cent quarante canons de bronze, des munitions immenses, et des casemates pour trois mille hommes.

Le Pô pouvait arrêter les progrès de Buonaparte ; l'obstacle dépendait de la position que la prévoyance de son rival choisirait sur la rive opposée. Le roi de Sardaigne, dans un des articles de l'armistice, avait permis aux Français de passer ce fleuve à Valenza ; mais cet article n'était qu'une ruse de Buonaparte pour tromper Beaulieu quand il connoîtrait le traité. Plus Buonaparte avait donné de publicité à son dessein, moins le général de l'Empereur devait y croire. Beaulieu se fortifia entre le Tésin et la Sésia. Les Français arrivent vis-à-vis Plaisance ; le colonel Lannes, depuis duc de Montebello, aborde le premier sur la rive. Beaulieu, détrompé par cette marche imprévue, fait en vain avancer six mille hommes et deux mille chevaux pour s'opposer au débarquement : un corps d'armée ennemi s'étoit retranché au village de Fombio ; Buonaparte le fit canonner ; le colonel Lannes y attaqua sept mille Autrichiens, à la tête d'un seul bataillon, qui poursuivit leur cavalerie au grand trot pendant dix milles. L'Infant, duc de Parme, signa les conditions que le général français lui dicta

18 Mai 1796.

dans Plaisance même, étonnée du passage du grand fleuve qui la baigne. L'armistice obligeait le grand duc à payer deux millions, à donner vingt des plus beaux tableaux de ses états, dix mille chevaux, et des approvisionnements de toute espèce. " Je vous envoie, écrivit Buonaparte au Directoire, le saint Jérôme, chef-d'œuvre du Corrège. J'avoue que ce saint prend un mauvais temps pour arriver à Paris,"

CHAPITRE VI.

Bataille de Lodi. Prise de Milan et de Modène.

BUONAPARTE, certain, d'aller à Milan s'il attirait l'ennemi dans une affaire générale, disposa ses divisions pour les réunir sur un point en moins de trois heures. M. de Beaulieu l'attendait, à l'issue d'un pont sur l'Adda, avec son armée rangée en bataille. Buonaparte alla jusqu'à l'entrée du pont, sous la mitraille, faire placer l'artillerie. L'armée arrive; il la forme en colonnes serrées. Le second bataillon des carabiniers, suivi au pas de charge de tous les grenadiers, hésite à l'entre du pont qui les couvre d'un feu terrible; les généraux Berthier, Lannes et Masséna se précipitent en avant; la colonne les suit. L'ordre de bataille de Beaulieu fut rompu; il perdit vingt canons et trois mille hommes, morts, blessés ou prisonniers. " Peu de nos soldats laissèrent la vie," écrivit Buonaparte; il l'attribua à l'effroi subit que causa aux Autrichiens l'impétuosité de la colonne; elle méritait le nom d'invincible que Buonaparte lui donna. Il demanda, le lendemain, les noms des carabiniers qui s'étaient le plus signalés par l'audace, à l'attaque du pont;

21 Mai
1796.

on lui envoya le contrôle de tout le bataillon. Buonaparte dit dans son rapport au Directoire : " Quoique depuis le commencement de la campagne nous ayons eu des affaires très-chaudes, et qu'il ait fallu que l'armée de la République payât souvent d'audace, aucune cependant n'approche du terrible passage du pont de Lodi."

" Il eût été facile, dit M. Michaud de Villette (*), de tourner l'ennemi dans une position inexpugnable pour toute autre armée que pour l'armée française ; mais Buonaparte n'était pas homme à hésiter quand il ne s'agissait que de la perte de quelques milliers d'hommes. Il fut à Lodi ce qu'il a été dans toute sa carrière militaire, et il aurait pu écrire comme depuis à Mojaïsck. " La position de l'ennemi était belle et forte ; il eût été facile de manœuvrer et de l'obliger à l'évacuer, *mais* cela *aurait remis la partie* ;" et parceque le général ne voulut pas faire une manœuvre qui demandait vingt-quatre heures de plus, soixante mille hommes périrent le lendemain sur les rives de la Moskowa, de la même manière que, quinze ans auparavant, douze mille étaient morts sous les murs de Lodi (†).

Crémone et Pavie ouvrirent leurs portes à Buonaparte ; il entra dans Milan au milieu des acclamations du peuple ; la garnison du château voulut

---

(*) Voyez le Tableau historique et raisonné des guerres de Napoléon Buonaparte.

(†) Le nombre est exagéré ; il en périt sept mille.

se défendre ; Buonaparte fit donner par les habitants quinze mille hommes pour le bloquer, et vingt millions à son armée. L'ambassadeur de Sardaigne vint alors à Paris signer un traité avec la France ; son Roi renonçait à toute alliance publique ou secrète contre la République française, à ses droits sur la Savoie, les comtés de Nice, de Tende et de Beuil ; il s'obligeait à refuser passage aux troupes ennemies des Français, à accorder à nos armées une libre entrée dans son pays pour se porter dans l'intérieur de l'Italie, à payer des contributions pour le besoin de l'armée dans le sein des Etats qui lui restaient soumis, à chasser tous les émigrés français, à pardonner la révolte de ses sujets, enfin à démolir à ses frais les fortifications de ses frontières.

Le duc de Modène quitta sa ville à l'approche d'un petit corps d'armée ; il promit à ses sujets, dans un manifeste, de revenir *aussitôt que l'orage serait dissipé.* Il ne laissa que trente mille liv. pour les contributions de l'armée victorieuse, et emporta avec lui vingt-trois millions de séquins. Il demanda une suspension d'armes ; Buonaparte l'accorda, au prix de sept millions cinq cent mille liv., de trois millions en denrées, et des vingt plus beaux tableaux de sa galerie. Pendant que Paris célébrait ses victoires, Buonaparte méditait d'envahir Rome et Naples. Il parla ainsi à son armée:

" Soldats, vous vous êtes précipités comme un

torrent du haut de l'Appennin, vous avez dispersé tout ce qui s'opposait à votre marche. Le Piémont, *délivré* de la tyrannie autrichienne, s'est *livré* à ses sentiments naturels de paix et d'amitié pour la France. Milan est à vous, et le drapeau républicain flotte dans toute la Lombardie ; les ducs de Parme et de Modène ne doivent leur existence politique qu'à votre générosité ; l'armée qui nous menaçait avec tant d'orgueil ne trouve plus de barrière qui la rassure contre votre courage ; le Pô, le Thésin, l'Adda, n'ont pu vous arrêter un seul jour ; vous les avez franchis aussi rapidement que l'Appennin. Tant de succès on porté la joie dans le sein de la patrie ; vos pères, vos mères, vos sœurs, vos amantes se réjouissent de vos victoires, et se vantent avec orgueil de vous appartenir. Oui, soldats, vous avez beaucoup fait ; mais ne vous reste-t-il plus rien à faire ?

Dira-t-on que nous avons su vaincre, mais que nous n'avons pas su profiter de la victoire ? La postérité nous reprochera-t-elle d'avoir trouvé Capoue dans la Lombardie ? Mais je vous vois déjà courir aux armes ; un lâche repos vous fatigue, les journées perdues pour la gloire le sont pour votre bonheur. Hé bien ! partons ; nous avons encore des marches forcées à faire, des ennemis à soumettre, des lauriers à cueillir, de injures à venger. Que ceux qui ont aiguisé les poignards de la guerre civile en France, qui ont lâchement assassiné nos ministres, incendié nos vaisseaux à

Toulon, tremblent ! L'heure de la vengeance a sonné ; mais que les peuples soient sans inquiétude ; *nous sommes amis de tous les peuples*, et plus particulièrement des descendants des Brutus, des Scipions et des grands hommes que nous avons pris pour modèles. Rétablir le Capitole, placer les statues des héros qui le rendirent célèbre, réveiller le peuple romain engourdi par plusieurs siècles d'esclavage ; tel sera le fruit de nos victoires ; elles feront époque dans la postérité : vous aurez la gloire de changer la face de la plus belle partie de l'Europe. Le peuple français *libre*, et respecté du monde entier, donnera à l'Europe une paix glorieuse ; vous rentrerez alors dans vos foyers, et vos concitoyens diront en vous montrant : *Il était de l'armée d'Italie.*"

CHAPITRE VII.

Révolte de Milan et de Pavie. Passage du Mincio.

Prairial
an IV,
1796.

BUONAPARTE était sorti de Milan, entouré du peuple qui se pressait sur son passage ; tout-à-coup on y sonne le tocsin : on répand que Nice est pris par les Anglais, que l'armée du prince de Condé arrive sur les confins du Milanez, et que le général de l'Empereur, renforcé de soixante mille hommes, marche sur Milan. Les nobles avaient renvoyé leurs domestiques, disant que *l'égalité ne permettait pas d'en avoir.* On avait *essayé* d'abattre l'arbre de la liberté, déchiré et foulé aux pieds la cocarde tricolore. Les prêtres, le crucifix et le poignard à la main, excitaient le peuple au carnage (*). Pavie avait aussi tramé, dans l'ombre, une conspiration ; elle avait investi les trois cents Français qui gardaient le château. Buonaparte revint à Milan avec un bataillon de grenadiers, fit arrêter des otages, et fusiller ceux qu'on prenait les armes à la main. Il continue son che-

(*) Rapport du général Buonaparte.

min vers Pavie, et fait attaquer Binasco par le général Lannes, qui tue et dissipe huit à neuf cents paysans armés. Il mit le feu au village. "Quoique nécessaire, écrivit Buonaparte, ce spectacle n'en fut pas moins horrible; j'en fus douloureusement affecté; mais je prévoyois que des malheurs plus grands menaçaient encore la ville de Pavie. Je fis appeler l'archevêque de Milan, et je l'envoyai porter cette proclamation au peuple insensé de Pavie."

Au quartier général de Milan,
le 6 Prairial, an IV.

" Une multitude égarée se porte aux derniers excès, méconnaît la République, et brave l'armée triomphante de plusieurs Rois. Ce délire est digne de pitié. On trompe ce pauvre peuple pour le conduire à sa perte. Le général en chef, fidèle aux principes qu'a adoptés la nation française qui ne fait pas la guerre aux peuples, veut bien laisser une porte au repentir; mais ceux qui, sous vingt-quatre heures, n'auront pas posé les armes et prêté de nouveau serment d'obéissance à la République, seront traités comme des rebelles, leurs villages seront brûlés. Que l'exemple terrible de Binasco leur fasse ouvrir les yeux, son sort sera celui de toutes les villes qui s'obstineront à la révolte."

Les rebelles répondirent que tant que Pavie aurait des murailles ils ne se rendraient pas. Un bataillon de grenadiers enfonce les portes. Les habitans, montés sur les toits, brisent les tuiles et nous écrasent dans les rues." L'ordre de mettre le feu à Pavie, écrivit Buonaparte, expira trois fois sur mes lèvres, quand je vis arriver la garnison du château qui avait brisé ses fers et venait, avec des cris d'allégresse, embrasser ses libérateurs. Je fis faire l'appel, il n'en manquait aucun. Si le sang d'un seul Français eût été versé, je voulais élever, des ruines de Pavie, une colonne sur laquelle j'aurais fait écrire : " *Ici était la ville de Pavie.*" Il fit fusiller la municipalité et arrêter deux cents otages qu'on envoya en France. Des colonnes marchèrent contre les villages qui avaient bravé la proclamation ; elles devaient fusiller ceux qu'elles trouveraient les armes à la main, brûler les pays où l'on sonnerait le tocsin. A Milan, tous les habitans furent désarmés. Le moindre rassemblement devait être dispersé, et les chefs jugés militairement dans l'espace de vingt-quatre heures. On fit fermer toutes les sociétés politiques. Une proclamation acheva d'imprimer la terreur aux rebelles. La rapidité des châtimens éteignit un incendie qui menaçait de s'étendre dans toute l'Italie. Buonaparte termine sa dépêche par ces mots : " 'Tout est aujourd'hui parfaitement tranquile, et je ne doute pas que cette leçon ne serve de règle aux peuples effrayés."

Venise, toujours flottante dans sa politique, voyait les Impériaux occuper, sur son territoire, la forteresse de Peschiera ; Buonaparte la prévint qu'il était réduit à la nécessité de poursuivre les impériaux dans ses états. Il lui envoya cette proclamation :

BUONAPARTE, général en chef de l'armée d'Italie, à la République de Venise.

Brescia, le 10 prairial an IV (1796)

" C'est pour délivrer la plus belle contrée de l'Europe, du joug de fer de *l'orgueilleuse maison d'Autriche,* que l'armée française a bravé les obstacles les plus difficiles à surmonter. La victoire, d'accord avec la justice, a couronné ses efforts. *Les débris de l'armée ennemie* se sont retirés au-delà du Mincio. L'armée Française passe, pour les poursuivre, sur le territoire de Venise ; *mais elle n'oubliera pas* qu'une longue amitié unit les deux Républiques. La religion, le gouvernement, les usages, les propriétés seront respectés. *Que les peuples soient sans inquiétude ;* la plus sévère discipline sera maintenue. Tout ce qui sera fourni à l'armée *sera exactement payé en argent.*

" Le général en chef engage les officiers de la République de Venise, les magistrats et les prêtres, à faire connaître ses sentiments au peuple. Le soldat français n'est terrible que pour les ennemis de sa liberté et de son gouvernement."

M. de Beaulieu s'était retiré au-dela du Mincio. Buonaparte veut lui faire croire qu'il va lui couper le chemin du Tyrol, en passant par Riva ; il place l'aile droite, qui doit attaquer, à deux lieues derrière la Chiusa. Cette aile, dans l'éloignement, semblait sur la défensive. A deux heures après minuit, il dirige l'armée vers Borghetto. C'est là qu'il avait résolu de passer le Mincio. Il fait charger par sa cavalerie un corps d'Autrichiens qui fuit et coupe une arche du pont. Cinquante de ses grenadiers se jettent dans l'eau à leur poursuite, nageant le fusil sur la tête. On refait l'arche du pont ; tous les grenadiers passent et s'emparent de Valegio. Beaulieu va se ranger en bataille près de Villa-Franca, et rapproche ses batteries ; c'est ce que Buonaparte voulait ; il contenait à peine la fureur impatiente des soldats pour laisser à un de ses corps d'armée le temps de se porter sur Pechiera, où ce corps devait envelopper M. de Beaulieu, et lui fermer les gorges de Tyrol. M. de Beaulieu apprit cette manœuvre par ses espions ; il refusa le combat et passa l'Adige : " Nos avants-postes étaient sur les montagnes d'Allemagne. L'ardeur et la joie des soldats, dit Buonaparte, leur faisait braver, en chantant, la fatigue. Arrivés au bivouac, ils refusaient les nuits au sommeil ; chacun y faisait, pour le lendemain, son plan de bataille". Il rapporte qu'un chasseur d'un régiment qui défilait, lui dit assez haut : " Général, il faut faire cela". " Malheureux, répondit Buonaparte, veux-tu bien te taire ?" C'était justement ce que le général en chef avait ordonné que l'on fît.

Masséna s'empara de Verone, où Louis XVIII s'était retiré. Le Sénat de Venise avait déja répondu aux plaintes de la France que ce prince, étant noble vénitien, avait le droit d'habiter sur son territoire, sans que le sénat pût l'en empêcher. Les victoires de Buonaparte firent succéder la crainte à cette générosité. Le podestat de Venise avertit Louis XVIII de quitter Vérone; ce prince demanda le livre où sont inscrits les nobles pour y rayer le nom de sa famille, et l'épée dont Henri IV, son ayeul, avait fait don à la République. Le podestat, respectant peu la grandeur malheureuse, répondit qu'il pouvait effacer son nom, mais qu'une somme de douze millions étant due à Venise par Henri IV, on lui remettrait l'épée s'il voulait la payer. Réponse indécente, a dit M. de Pommereul, et digne d'un prêteur sur gages (*). " Je n'ai pas caché aux habitants, écrivit Buonaparte, que si le roi de France n'eût évacué leur ville avant mon passage du Pô, j'aurais mis le feu à une ville assez audacieuse pour se croire la capitale *de l'Empire français*. Les émigrés fuient de l'Italie; ils courent en Allemagne porter leurs remords et leur misère."

(*) Louis XVIII se rendit sur le Rhin, à l'armée de son cousin le prince de Condé, où il servit comme simple volontaire. Il fut encore obligé de s'éloigner. Ses lettres et celles du général de l'armée autrichienne, qui furent publiées, firent connaître à toute l'Europe ses efforts pour prévenir cet honteux abandon.

CHAPITRE VIII.

*Blocus de Mantoue. Troubles des fiefs impériaux.
Prise de Livourne.*

BUONAPARTE fit investir Mantoue : il se rendit
maître des faubourgs et de la tête du pont. Quand
il montra à ses grenadiers les batteries des remparts, ils répondirent : " A Lodi, il y en avait bien
d'avantage." Augereau emporta les retranchements
de la tour, il força l'ennemi à se retirer dans le
corps de la place ; mais ces grands parcs d'artillerie, qui abrégent les siéges, n'avaient pu suivre
Buonaparte dans ses rapides victoires ; il pensa
qu'un simple blocus ferait rendre la ville, quand il
aurait poussé l'ennemi au-delà du Tyrol. " Dans
le dessein d'y pénétrer, dit M. de Pomereul, il
vouloit se faire précéder par un manifeste qui lui
procurât des partisans dans ce pays difficile. C'est
aussi là une manière de battre ses ennemis, *et peu
de généraux* ont manié l'arme des proclamations
avec plus d'adresse que lui (*),"

Prairial
an IV.
1796.

(*) Campagnes de Buonaparte en Italie, page 63.

Buonaparte, général en chef de l'armée d'Italie, aux habitants du Tyrol.

Au quartier-général de Tortone,
le 26 prairial an IV (1796).

" Je vais passer sur votre territoire, braves Tyroliens, pour obliger la cour de Vienne à une paix nécessaire à l'Europe comme à ses sujets. *C'est votre propre* cause que je vais défendre. Depuis assez long-temps vous êtes *vexés* et fatigués des horreurs d'une guerre entreprise, non pour l'intérêt du peuple allemand, *mais pour les passions* d'une seule famille.

" L'armée française respecte et aime tous les peuples, plus particulièrement les habitants simples et vertueux des montagnes. Nous vous traiterons avec *fraternité.* S'il étoit des hommes parmi vous qui connussent assez peu leurs véritables intérêts pour prendre les armes et nous traiter en ennemis, nous serons terribles comme le feu du ciel, nous brûlerons les maisons et dévasterons le territoire des villages qui prendront part à une guerre qui leur est étrangère. Sous peu la cour de Vienne, forcée à la paix, rendra aux peuples les priviléges qu'elle a usurpés, et à l'Europe la tranquillité qu'elle trouble."

Cependant des troubles s'élevaient dans ces fiefs impériaux qui confinent à la Toscane, à Gênes, au Piémont. Des paysans avaient attaqué un convoi de l'armée et assassiné deux courriers. Le général

Lannes fit fusiller les chefs de la révolte et brûler leurs maisons. Une rigueur aussi prompte fut déployée dans le fief d'Arquata et aux environs de Tortone. Buonaparte ordonna à chaque fief d'envoyer trois députés et deux otages pour garans de sa fidélité, à tous les seigneurs de venir, dans son camp, prêter serment d'obéissance à la République; il menaça d'augmenter la contribution militaire d'un dixième par jour de retard dans le paiement. Au commencement de ses conquêtes, sa situation était la même que celle d'Alexandre et de Pierre 1er, Empereur de Russie, quand ces deux Rois firent revenir leurs lieutenants sur leurs pas pour punir des séditions, sans s'arrêter eux-mêmes dans le cours de leurs victoires. C'est dans le général français la même activité, avec le même génie; il faut qu'à-la-fois il réprime la révolte sur les derrières de son armée, termine les différents de la République française avec Modène, Rome et Naples, chasse les Anglais des ports de Toscane, prenne le château de Milan, continue le siége de Mantoue, et refoule les Autrichiens dans le Tyrol; dans le même temps, il s'empare du château de Fuentés, voisin du pays des Grisons, et, cent lieues plus loin, des forts d'Urbin, de Bologne, et de Ferrare, où il prend deux cents pièces de canon qui lui manquaient pour réduire Mantoue.

Parme venoit de lui livrer, vingt de ses plus beaux tableaux qu'il envoya au musée de Paris: *le saint Jérôme* était si estimé, qu'on offrit un million pour le racheter. Modène et Bologne furent soumis aux mêmes tributs; parmi ces tableaux était *la sainte Cecile,* chef-d'œuvre de Raphaël. MM. Monge, Bertholet et Thouin, savants français, envoyaient de Pavie d'autres richesses au cabinet d'Histoire naturelle. Buonaparte appela M. Oriani à Milan dans le palais de l'archiduc. Ce célèbre astronome y parut en tremblant : " Pardonnez, dit-il, c'est la première fois que j'entre dans ces superbes appartements; mes yeux ne sont pas accoutumés......" L'accueil du général vengea le savant que son souverain n'auroit pas dû négliger; il lui prodigua les encouragements. Il lui écrivit : " Les sciences qui honorent l'esprit humain, les arts qui embellissent la vie, et transmettent les grandes actions à la postérité, doivent être honorés par les gouvernements. Tous les hommes de génie sont Français, quel que soit le pays qui les a vu naître. J'invite les savans à se réunir et à me proposer leurs vues sur les moyens qu'il y auroit à prendre, et sur les besoins qu'ils auroient pour donner aux sciences et aux beaux-arts une nouvelle vie. Tous ceux qui iront en France seront accueillis avec distinction par le gouvernement." Il écrivit aux magistrats de Pavie et de Milan qu'il desiroit que leurs universités, célèbres à tant de titres, reprissent le cours de leurs études. Cette protection lui faisait pardonner les malheurs de la guerre par les habitants des villes, toujours moins foulés que ceux des campagnes, et lui attiroit les vœux des savants, des hommes qui les honorent et pensent par eux. C'étoit au général

qui élevoit alors si haut la gloire des armées, malgré
ses rapines et ses cruautés communes à tous les
conquéranss, à désavouer au nom de la France ce
systême de mépris pour les lettres, qui, dans des
temps plus déplorables (1793), avoit menacé de re-
plonger la France dans la barbarie où elle étoit
encore il y a trois cents ans.

Le grand duc de Toscane était le premier des
souverains qui eût fait un traité de paix avec la
république. Ses richesses tentèrent la cupidité de
Buonaparte. Il lui fallait un prétexte pour violer
le territoire d'un allié. Il envoya cette déclaration :
" Le pavillon de la république est insulté dans le
port de Livourne. Votre altesse est dans l'impossibilité de réprimer les Anglais. Le Directoire m'a
ordonné de prendre possession de Livourne." Ce
qui ajoutait à la dérision de cette espèce de manifeste, c'est que Buonaparte y exprimait le vœu
" de voir continuer l'amitié qui unissait les deux
états, et de voir son Altesse applaudir aux mesures
justes, utiles et nécessaires qu'avait prises le Di-
rect.   .écutif." C'était le commencement de ce
     s   qui lui fit conquérir, quand il fut empe-
reur, Naples, le Portugal, l'Espagne, Rome, la Po-
logne, les villes anséatiques, Moscow, pour *protéger
le commerce des peuples contre le despotisme des
Anglais.*

Il arriva aux portes de Livourne au moment où
une leurs frégates sortait du port avec cinquante de
leurs bâtiments chargés. Il fit arrêter le gouverneur,

M. le chevalier Spanochi, qui avait favorisé leur fuite, et laissé prendre par eux deux petits vaisseaux français sous le feu des batteries. Il le fit conduire en prison à Florence par ses propres soldats; le grand Duc promit de le punir. La prise des magasins anglais trouvés dans la ville valut sept à huit millions à lui et au Directoire; il s'empara aussi de ceux qui appartenaient à l'empereur d'Allemagne, à la Russie, à tous les Princes ou sujets ennemis. Buonaparte ordonna que toutes leurs propriétés fussent remises au consul de France, *comme des prises faites sur mer.* Le Pape croyait voir les Français entrer dans Rome; il implora un armistice, au prix de Bologne, Ferrare, Ancône, de vingt millions, cent chefs-d'œuvre de son Musée, et cinq cents manuscrits de la bibliothèque du Vatican. Le Roi de Naples, non moins effrayé, envoya son ambassadeur, le Prince Pignatelli, à Paris.

Le Château de Milan, après onze jours de tranchée ouverte, capitula. Le gouverneur remit trois mille prisonniers, cent cinquante bouches à feu, deux cents milliers de poudre, et cinq cents fusils. Buonaparte dînait à Florence chez le grand Duc quand le courier vint lui apporter cette nouvelle; le grand Duc cacha sa tristesse avec cet art si ordinaire aux princes; il fêtait, aux yeux de la cour, un général victorieux, devenu son maître de son sujet, (*) qui venait de chasser de Livourne la

---

(*) La famille de Buonaparte était originaire de Toscane. Voyez le livre de M. de Pommereul.

G

marine et le commerce de ses Alliés, et enlevait à l'Empereur, son frère, tous ses Etats d'Italie. C'était le commencement de l'empire que Buonaparte devait exercer sur les Rois qui seraient ses ennemis. Un autre exemple de cet ascendant fut l'ordre qu'il envoya au Pape de mettre en liberté tous les prisonniers d'Etat, et de faire sortir des galères des hommes condamnés pour des complots politiques, qui ne sont des crimes que lorsque la puissance a la force pour les punir.

CHAPITRE IX.

Révolte de Lugo. Batailles de Castiglione, de Rovérédo. Passage des gorges de la Brenta. Combats sous Mantoue.

LES garnisons laissées dans les places, le siége de Mantoue, l'étendue des conquêtes, avaient affaibli l'armée. Wurmser, peut-être supérieur à Beaulieu, vint défendre le Tyrol à la tête de nouveaux soldats. Ce général, né en Alsace, était âgé de quatre-vingts ans. Il avait passé le Rhin, en 1793, à la tête de l'armée impériale, chassé les Français des environs de Landau, emporté les fameuses lignes de Weissembourg, puis Haguenau, le Fort-Louis, et poussé jusqu'à Strasbourg. Mais bientôt Pichegru, à la tête d'une armée qui s'aguerrissait chaque jour, le rejeta derrière le Rhin. Wurmser venait d'être battu par Moreau près de Manheim, lorsque la cour de Vienne l'opposa à Buonaparte. Il se fortifia entre la tête du lac de Garda et l'Adige. Joubert l'attaqua par la Bochetta *di Campion*, gravit des rochers, et s'empara des retranchements.

Au premier bruit que Wurmser avait passé l'Adige, la Romagne se souleva contre Buonaparte; une armée du Pape était dans Lugo, bourg près de

Ferrare. Augereau donna trois heures aux habitants pour mettre bas les armes. Il les menace, s'ils résistent, de marcher contre leur ville, le fer et la flamme à la main. Les révoltés. cachés dans une embuscade, massacrèrent soixante de nos dragons, portèrent deux têtes à Lugo, et les exposèrent aux portes de l'Hôtel-de-Ville. Toutes les négociations pour les calmer furent inutiles ; il fallut qu'un gros corps de troupes engageât un combat furieux pour les réduire ; ce corps tailla en pièces, près d'Imola, plus de mille insurgés ; leur ville fut livrée au pillage pendant trois heures ; tout homme rencontré les armes à la main, était mis à mort. On n'épargna que les enfants et les femmes. L'armée rentra à Bologne avec un grand butin, qui fut vendu sur la place publique. Augereau fit répandre cette proclamation : " Vous venez de voir un exemple terrible. Le sang fume encore à Lugo. Cette ville calme eût été respectée ; des mères n'auraient point à pleurer leurs fils, des veuves leurs maris, des orphelins les auteurs de leurs jours. Que cette épouvantable leçon vous apprenne à apprécier l'amitié du peuple français. Tel qu'un volcan, il renverse, dévore tout ce qui s'oppose à son irruption. Il protége quiconque cherche son appui."

Cette proclamation fut suivie d'un arrêté rigoureux, *pour l'exemple de l'Italie et la sûreté de l'armée.*

Le Maréchal de Wurmser changeait la face des affaires, si, débloquant Mantoue, il forçait Buonaparte à revenir défendre le Milanez. Il s'avançait sur les deux rives du lac de Garda ; il s'empara de la Corona, de Salo, de Vérone et de Brescia. Buonaparte avait voulu garder une ligne trop étendue dans un pays coupé par des lacs, des canaux et des rivières. Il n'avait pas quarante mille hommes contre Wurmser à la tête de soixante mille combattants. " Ce fut alors, dit un écrivain militaire, que Buonaparte montra une grande présence d'esprit et une admirable rapidité dans le coup-d'œil. Il voit, à l'instant, tous les dangers de sa position, et sent que, s'il ne peut espérer de battre toutes les forces ennemies quand elles seront réunies, il doit au moins se flatter de leur défaite en les attaquant séparément avec d'excellentes troupes, et des généraux aussi habiles que courageux. Il fallait compter sur tous ces avantages pour exécuter un pareil plan."

Buonaparte eut la franchise d'écrire : " Nous avons essuyé des revers." Il faut l'écouter lui-même raconter comment *il répara les pertes de ses lieutenants.* " Percé par une armée nombreuse que ces avantages devaient enhardir, dit Buonaparte, je sentis qu'il fallait adopter un plan plus vaste L'ennemi était descendu dans le Tyrol par Brescia et l'Adige. Si l'armée républicaine était trop faible pour faire face aux deux divisions de Wurmser, elle pouvait battre chacune d'elles séparément, et par ma position je me trouvais entre elles ; il m'était donc possible, en rétrogradant rapidement, d'envelopper la division descendue à Brescia, de la prendre ou de la battre complétement, et, de là, de revenir sur le Mincio, attaquer Wurmser lui-même ; mais pour exécuter ce projet, il fallait lever le siége de Mantoue (il n'y avait pas moyen de retarder six heures), repasser sur-le-champ le Mincio, et ne pas donner le temps à deux divisions ennemies de m'envelopper ; la fortune a souri à ce projet."

Thermid. au IV. 1796. Bataille de Castiglione.

" Le 12, au soir, tous les corps se mirent en marche sur Brescia. Cependant les Autrichiens, qui s'étaient emparés de Brescia, étaient déjà arrivés à Lonado. Le 13, j'ordonnai au général Soret de se rendre à Salo pour délivrer le général Guieux, et au général Dallemagne de reprendre Lonado, à quelque prix que ce fût. Soret réussit complétement. Les troupes du général Guieux sont restées quarante-huit heures sans pain, toujours se battant contre les ennemis."

" Le général Dallemagne n'eut pas le temps d'attaquer ; il fut attaqué lui-même Un combat des plus opiniâtres, toujours indécis, s'engagea ; mais j'étais tranquille, la brave trente-deuxième était là. L'ennemi laissa six cents morts sur le champ de bataille, et six cents prisonniers."

" Le 14, Augereau entra dans Brescia ; le 15, il retourna à Monte-Chiaro. Masséna prit position à Lonado et à Ponte-San-Marco. J'avais laissé à Castiglione le géneral Valette, avec dix-huit cents hommes ; il devait défendre cette position importante, et par là tenir toujours la division de Wurmser loin de moi. Cependant, le 15 au soir, le général Valette abandonna ce village, avec la moitié de ses troupes, et vint à Monte-Chiaro porter l'alarme, en annonçant que le reste était prisonnier. Abandonnés de leur général, ces braves gens trouvèrent des ressources dans leur courage, et opérèrent leur retraite à Ponte-San-Márco. Le 16, à la pointe du jour, nous nous trouvâmes en présence. Le général Guieux, à notre gauche, devait attaquer Salo : Masséna, au centre, Lonado ; Augereau, à la droite, Castiglione. L'ennemi, au lieu d'être attaqué, attaqua l'avant-garde de Masséna, qui était à Lonado. Dejà elle était enveloppée, et le général Pigeon prisonnier. Je fis aussitôt former la dix-huitième demi-brigade en colonne serrée par bataillons. Pendant qu'au pas de charge nous cherchions à percer l'ennemi, il s'étendait davantage pour nous envelopper. Sa manœuvre me parut un sûr garant de la victoire. Masséna envoya seulement quelques tirailleurs sur les aîles des ennemis, pour retarder leur marche. La première colonne, arrivée à Lonado, les força. Le quinzième régiment de dragons chargea les houlans, et reprit nos pièces. Dans un instant l'ennemi se trouva éparpillé. Il voulait faire sa retraite sur le Mincio ; j'ordonnai à mon aide de-camp Junot de se mettre à la tête de ma compagnie de guides, de gagner l'ennemi de vitesse à Desenzano, et de l'obliger par là de se retirer à Salo. Il rencontra le colonel Bender avec une partie de son régiment de houlans, qu'il chargea. Il prit en front le régiment, blessa le colonel, qu'il voulait prendre prisonnier, lorsqu'il fut lui-même entouré ; et après en avoir tué six de sa propre main, il fut renversé dans un fossé et blessé de six coups de sabre. L'ennemi opérait sa retraite sur Salo ; cette division, errante dans les montagnes, a été presque toute prisonnière. Pendant ce temps-là, Augereau marchait sur Castiglione ; toute la journée il soutint et livra des combats opiniâtres contre des forces doubles des siennes. L'ennemi a perdu vingt pièces de canon, deux à trois mille hommes tués ou blessés, et quatre mille prisonniers, parmi lesquels trois généraux."

'Thermid. an IV. 1796.

" Le 17, j'avais ordonné au général Despinoy de pénétrer dans le Tyrol par le chemin de Chiusa ; il devait avant culbuter six mille ennemis qui se trouvaient à Gavardo. L'adjudant-général Herbin renversa deux bataillons sur son passage, et arriva jusqu'à Saint-Asetto. Le général Dallemagne fit un grand nombre de prisonniers ; mais n'étant pas soutenu du reste de la division, il fut entouré, et ne put opérér sa retraite qu'en se faisant jour au travers des ennemis. J'envoyai le général Saint-Hilaire à Salo, pour se concerter avec le général Guieux, et attaquer la colonne qui était à Gavardo, pour avoir le chemin du Tyrol libre. Après une fusillade assez vive, nous défîmes les ennemis, et nous lui fîmes dix-huit cents prisonniers."

" Pendant toute la journée du 17, Wurmser s'occupa à rassembler les débris de son armée, à faire arriver sa réserve, à tirer de Mantoue tout ce qui était disponible, à les ranger en bataille dans la plaine, entre le village de Scanello où il appuya sa droite, et la Chiusa où il appuya sa gauche. Le sort de l'Italie n'était pas encore décidé. Il réunit un corps de vingt-cinq mille hommes, une cavalerie nombreuse, et *sentit pouvoir* balancer le destin. De mon côté, je donnai des ordres pour réunir toutes les colonnes de l'armée. Je me rendis moi-même à Lonado, pour voir les troupes que je pouvais en tirer. Mais quelle fut ma surprise, en entrant dans cette place, d'y recevoir un parlementaire qui sommait le commandant de se rendre, parce que, disait-il, il était cerné de tous côtés. La route de Brescia à Lonado était interceptée au pont San-Marco. La circonstance était assez embarrassante ; je n'avais à Lonado qu'à-peu-près douze cents hommes. Je fis venir le parlementaire ; je lui fis débander les yeux. Je lui dis que si son général avait la présomption de prendre le général en chef de l'armée d'Italie, il n'avait qu'à avancer ; qu'il devait savoir que j'étais à Lonado, puisque tout le monde savait que toute l'armée républicaine y était ; que tous les généraux et officiers supérieurs autrichiens seraient responsables de l'insulte personnelle qu'il m'avait faite. Je lui déclarai que si, sous huit minutes, sa division n'avait pas posé les armes, je ne ferais grâce à aucun. Le parlementaire parut fort étonné de me trouver là, et un instant après, toute cette colonne posa les armes. Elle était forte de quatre mille hommes, deux pièces de canon, et cinquante hommes de cavalerie."

" Le 18, à la pointe du jour, nous nous trouvâmes en présence. Cependant il était six heures du matin, et rien ne bougeait encore. Je fis faire un mouvement rétrograde à toute l'armée pour attirer l'ennemi à nous, dans le temps que la division du général Serrurier, que j'attendais à chaque instant, venait de Marcaria, et dès lors tournait toute la gauche de Wurmser. Ce mouvement eut en partie l'effet qu'on en attendait ; Wurmser se prolongeait sur la droite pour observer nos derrières. Dès l'instant que nous aperçûmes la division du général Serrurier, j'ordonnai à l'adjudant-général Verdière d'attaquer une redoute qu'avaient faite les ennemis dans le milieu de la plaine, pour soutenir leur gauche. Je chargeai mon aide-de-camp Marmont de diriger vingt pièces d'artillerie legère, et d'obliger, par ce seul feu, l'ennemi à nous abandonner ce poste intéressant. Après une vive canonnade, la gauche de l'ennemi se mit en pleine retraite. Augereau attaqua le centre, Masséna la droite ; toute la cavalerie, aux ordres du général Beaumont, marcha sur la droite pour soutenir l'artillerie légère et l'infanterie : nous fûmes partout victorieux. Nous avons pris à l'ennemi dix-huit pièces de canon, cent-vingt caissons de munitions ; sa perte va à deux mille hommes tués ou prisonniers. Voilà donc en cinq jours une autre campagne finie. Wurmser a perdu soixante-dix pièces

de canon de campagne, tous ses caissons d'infanterie, douze à quinze mille prisonniers, et six mille
hommes tués ou blessés."

" L'armée française, dit M. Michaud de Villette,
fut dirigée avec une habileté fort extraordinaire
dans un jeune homme au début de sa carrière. C'est
la seule fois qu'il fit de grandes choses avec de
petits moyens, et que sa tactique eut quelques rap-
ports avec celle du grand Frédéric."

L'arrière-garde autrichienne était encore dans Vérone ; le provéditeur de la république, sommé d'ouvrir les portes, répondit qu'il ne le pouvait pas de
deux heures ; Buonaparte les fit enfoncer à coups
de canon. — L'avant-garde passa l'Adige. Les Autrichiens gardaient dans le Tyrol les défilés de
Marco et le camp retranché de Mori. Un combat
très-vif les fit replier à Rovérédo ; les Français y
entrèrent au pas de charge. Les soldats de Wurmser se rallièrent en avant de Colliano. L'Adige y
roule entre des montagnes à pic ; une gorge est
fermée par un château très-élevé. Wurmser y plaça
toute son artillerie pour couvrir sa retraite, et empêcher les Français d'arriver à Trente aussi vîte que
lui. Buonaparte jugea qu'il n'avait qu'un moment
pour profiter des avantages qu'il avait remportés le
même jour dans vingt combats, et que dans la nuit
Wurmser rendrait le poste inexpugnable. La division de Masséna était à Rovérédo, accablée de fatigue ; un mot de Buonarparte lui fait oublier
qu'elle marche et combat depuis trois jours. Elle

Thermidor
an IV.
1796.

Fructidor
an IV.
1796.

gravit des rochers, tourne l'Adige et frappe de terreur l'ennemi ; la porte du retranchement est en-
foncée. Notre cavalerie se précipite avec cette division, écrase les Autrichiens ; on les poursuit jusqu'à trois mille de Trente.

Buonaparte fit dans cette bataille sept mille prisonniers, prit sept drapeaux et trente canons. C'é-
tait la première fois qu'une armée des Français
pénétrait jusqu'à Trente. Les ennemis tenaient, à
Lavis, une autre position qui pouvait arrêter quelque
temps son armée. Buonaparte marcha avec l'avant-
garde, et la força au pas de charge.

Augereau rencontra un corps d'Autrichiens retranché derrière un mur épais, qui coupait une vallée étroite entre d'énormes rochers ; il attaque et
enlève cette position. L'Autrichien crut l'arrêter
au château de Covello. Le fort qui ferme le chemin, est appuyé à droite par un roc escarpé de plusieurs cents toises de hauteur ; à gauche est un pré-
cipice où se perd la Brenta. Augereau gravit lui-
même ce rocher, et força l'Autrichien à abandonner
ce poste réputé inexpugnable. Wurmser avait
jugé que Buonaparte se porterait droit sur Inspruck.
Dans le dessein de le couper, il avait envoyé une
colonne sur Vérone ; il se trouva coupé lui-même
par une marche de vingt lieues que l'armée française
fit en deux jours. Buonaparte chassa d'autres corps
de Wurmser au débouché des gorges de la Brenta, et
entra dans Bassano. Masséna fondit sur les canons
qui défendaient le pont de la Brenta. Un instant plus
tôt Wurmser était enlevé avec le trésor de l'armée.

Buonaparte avait fait, dans ces gorges inexpugnables, quarante-six lieues en six jours, livré quatre combats et deux batailles. Il avait pris quatre-vingts canons, les magasins et une partie du grand parc de Wurmser, et fait seize mille hommes prisonniers avec leurs généraux.

Deux de nos divisions fermaient le passage de la Brenta au général autrichien. Sa dernière ressource était de se jeter dans Mantoue ; mais Buonaparte avait garni d'artillerie les remparts de Vérone ; Wurmser en avait été repoussé à chaque tentative. Poursuivi par Masséna qui déjà était à Vicence, il fila, la nuit, le long de l'Adige, et la passa à Porto-Legnano. Buonaparte avait ordonné à Masséna de lui fermer le passage, à Sanguinetto. Les guides se trompent et conduisent ce général à Céréa. Wurmser, à la faveur de cette méprise et de la nuit, passa le pont de Villa-Impenta quand Masséna arrivait pour le couper, et s'enferma dans Mantoue.

Après cinq mois de blocus, Buonaparte pouvait enfin foudroyer cette place avec sept cents pièces de siége et de campagne qu'il venait d'enlever aux généraux de l'Empereur. La garnison, dans les derniers combats qu'elle avait livrés, avait été repoussée jusqu'aux palissades de la ville. La tranchée était ouverte, depuis trois mois, à quatre-vingts toises de la place ; nos bombes et nos boulets rouges avaient consumé la douane, le palais Collérédo, et plusieurs couvents.

Augereau et Masséna avaient suivi Wurmser sous

Mantoue. La garnison sortit, un régiment de cuirassiers chargea un de nos bataillons qui le reçut la baïonnette en avant. Trois mille hommes tués, deux mille prisonniers, trente canons, restèrent sur le champ de bataille ; le faubourg de Saint-Georges fut emporté. Sans l'erreur du corps de Masséna égaré par les guides, si le pont de Villa-Impenta eût été coupé, Wurmser mettait bas les armes avec les débris de son armée ; mais sa retraite dans Mantoue devait augmenter la gloire de Buonaparte. Les forces nouvelles de la garnison demandaient qu'on la réduisît aux dernières extrémités plutôt que de l'attirer dans des sorties où elle pouvait prodiguer les hommes. Après avoir rejeté l'ennemi sur le glacis de la citadelle, Buonaparte acheva le blocus de Mantoue en s'emparant des portes de Pradelle et de Cérèze.

Vers ce temps-là les Anglais furent chassés de la Corse par une seule division de gendarmerie, jointe aux habitants. Le roi de Naples signa son traité avec la France. Par un des articles il s'obligeait à payer huit millions, et à livrer des munitions navales.

CHAPITRE X.

Batailles d'Arcole, de Rivoli, Capitulation de Provera sous Mantoue, Conquête de la Romagne. Traité de paix avec le Pape. Reddition de Mantoue par Wurmser.

UNE autre armée, aux ordres d'Alvinzi, obligea les Français à abandonner Trente, Rovérédo, Bassano et Vicence. Buonaparte, avec les corps de Masséna et d'Augereau, marcha au-devant du général de l'Empereur. " Il fallait étonner comme la foudre, écrivit-il, et, dès le premier pas, balayer l'ennemi." Le combat se donna près de Vicence ; les Autrichiens perdirent le champ de bataille, et furent rejetés au-delà de la Brenta. Le pont d'Arcole arrêta l'avant-garde de l'armée. Les généraux se précipitèrent les premiers ; ils furent tous blessés, les soldats reculèrent. Augereau, un drapeau à la main, vole à l'autre extrémité du pont et les appelle du geste et de la voix. Tite-Live a immortalisé l'action d'Horatius Coclès, défiant seul une armée, à l'entrée d'un pont qui croule et l'entraîne dans le Tibre : le dévouement du général français, moins célébré, est peut-être aussi sublime. Buonaparte se porte à la tête des soldats d'Augereau ; il leur demande s'ils sont encore les vainqueurs de Lodi ?

Brumaire, an V.

A ce mot, qui ranime leur courage, il se précipite de son cheval, saisit un drapeau, et court sur le pont, en criant : " Suivez votre général." A trente pas, le canon et la mousqueterie font encore reculer nos grenadiers ; Buonaparte est renversé dans un marais ; on le retire avec peine sous le feu des batteries ; il remonte à cheval et rallie la colonne effrayée.

Les Français prirent, dans la nuit, et perdirent le village d'Arcole : Masséna écrasa une division de l'ennemi. Dès la pointe du jour il mit un autre corps en déroute jusqu'aux portes du Caldéro. Augereau tenta une seconde fois de forcer le village ; sept de nos généraux furent blessés. La résistance des Autrichiens était égale à la fureur de nos grenadiers.

Deux batailles avaient été livrées. Le soleil éclairait à peine qu'une troisième bataille commence. Les soldats de Masséna, sur une chaussée, renversent l'ennemi avec leurs baïonnettes ; mais la valeur d'Augereau et tout l'effort de ses grenadiers cèdent devant Arcole ; il se reploie en désordre sur le pont de Ronco. Masséna, qui l'a suivi, se rallie à lui ; ils attaquent les Autrichiens ; tous succombent dans ce dernier combat. Les uns prennent la fuite, les autres, en se voyant tournés, cèdent le village d'Arcole. Alvinzi laissa sur le champ de bataille dix mille hommes morts, cinq mille prisonniers et dix-huit pièces de canon.

" Jamais champ de bataille, écrivit Buonaparte,

n'a été aussi disputé que celui d'Arcole; je n'ai presque plus de généraux; leur dévouement, leur courage sont sans exemple. Le général de brigade Lannes est venu au champ de bataille, n'étant pas encore guéri de la blessure qu'il a reçue à Governolo; il fut blessé deux fois pendant la première journée d'Arcole. Il était, à trois heures après-midi, étendu sur son lit et souffrant, lorsqu'il apprend que je me porte moi-même à la tête de la colonne; il se jette à bas de son lit, monte à cheval, et revient me trouver. Comme il ne pouvait pas être à pied, il fut obligé de rester à cheval; il reçut à la tête du pont d'Arcole un coup qui l'étendit sans connaissance. Je vous assure qu'il fallait tout cela pour vaincre. Les ennemis étaient nombreux et acharnés, les généraux à la tête."

Buonaparte écrivit à M. le général Clarke: " Votre neveu Elliot a été tué sur le champ de bataille. Ce jeune homme a plusieurs fois marché à la tête de nos colonnes. Il est mort avec gloire et en face de l'ennemi; il n'a pas souffert un instant. Quel est *l'homme raisonnable* qui n'envierait pas une telle mort? Quel est celui qui, dans les vicissitudes de la vie, *ne s'abandonnerait pas pour sortir de cette manière d'un monde si souvent méprisable, etc.?*"

" On sent déjà dans ce billet que sa gloire avait éveillé l'envie, dit M. de Pommereul. Une suite inouïe de triomphes ne permettant plus la consolation de lui compter de rivaux, le parti anti-républicain qui, depuis la révolution du 13 Vendemiaire an III, l'avait honoré de toute sa haine, en le voyant invincible sur les champs de bataille, et *invariable dans ses opinions politiques*, s'attacha dès ce moment à inventer des défaites ou à tâcher *de le trouver ambitieux*, afin de le faire redouter à un gouvernement qui n'avait pas *de plus ferme appui*. Il savait quelle force c'était lui ôter que le priver *d'un si grand et si loyal républicain. Heureusement* le Directoire ne se laissa pas prendre à ce piége grossier. (Page 214 des Campagnes de Buonaparte, par M. de Pommereul).

La cour de Vienne envoya en poste une nouvelle armée. Elle avait pris cet exemple des Français dans la guerre de la Vendée. Alvinzi voulait percer, par Rivoli, jusqu'à Mantoue ; Buonaparte le devine, et vient à Rivoli à deux heures dans la nuit. Il fait garnir le plateau du village d'artillerie. Notre aile droite et l'aile gauche de l'ennemi se rencontrèrent sur les hauteurs de San-Marco. Alvinzi suivait son plan d'enfermer la division Joubert ; il ne se doutait pas que Buonaparte fût arrivé la nuit avec des renforts. Notre gauche plia ; l'ennemi se porta sur le centre. Berthier soutint son choc impétueux, à la tête de la quatorzième demi-brigade. Les Autrichiens reviennent pour enlever ses canons ; un capitaine sort de sa compagnie en criant : " Quatorzième, laisserez-vous prendre vos pièces ?" Buonaparte envoya, à la gauche, le 32e régiment, Masséna à la tête, pour la rallier. Masséna reprit toutes les positions que les Français avaient perdues. On se battait depuis trois heures, et Alvinzi n'avait pas présenté encore toutes ses forces. Une de ses colonnes, qui avait longé l'Adige, marche au plateau pour l'enlever, et menace par là de tourner la droite et le centre des Français. Buonaparte envoya de la cavalerie pour la charger, et cinquante dragons, qui devaient prendre en flanc le corps d'Autrichiens qui attaquait le centre, Joubert fit descendre des bataillons des hauteurs de San-Marco; l'ennemi, qui était déjà sur le plateau, fut rejeté dans la vallée de l'Adige. La colonne qui marchait pour nous couper la retraite se range en bataille; Buonaparte fait avancer deux régiments en réserve, et la fait canonner. En moins d'un quart d'heure toute la colonne fut prise; les autres corps autrichiens en déroute furent par-tout poursuivis. Quinze cents hommes se sauvaient par Garda; cinquante de nos soldats marchèrent contre eux et leur firent mettre bas les armes. Joubert prit ou dispersa ce qui restait d'ennemis à la Corona; leur cava'erie n'échappa qu'en passant l'Adige à la nage.

Si on examine l'ordre et le mouvement de cette bataille, on admire dans Buonaparte le sang-froid et l'audace. C'était, il y a dix ans, l'opinion des premiers juges dans le grand art de vaincre. On le vit depuis se surpasser lui-même dans sa Grande-Armée, où il faisait mouvoir trois cent mille com-

batlants avec autant de précision et de rapidité que
Turenne conduisant cinquante mille hommes.

Après cette victoire, il fallut marcher contre un
nouvel ennemi. Provera avait passé l'Adige, à la
tête de dix mille hommes, et percé à travers
Anguiari. Augereau tomba sur son arrière-garde
et lui enleva seize canons. Le commandant des
hussards autrichiens somma un escadron du neu-
vième régiment des dragon de se rendre. " Si tu
es brave, viens me prendre, lui dit l'officier français
Duvivier." Ils se défient à un combat singulier.
Le colonel autrichien est blessé ; les troupes se
chargent ; les hulans sont faits prisonniers. Le général
Provera, favorisé par la nuit, arriva sous Mantoue,
et attaqua la Favorite dans le temps que la garnison faisait une sortie ; mais, acculé au faubourg,
et le désordre dans ses rangs, il demanda à capituler.
Il livra six mille hommes et vingt pièces de canon.
Buonaparte en quatre jours avait gagné deux batailles et six combats, fait vingt-cinq mille prisonniers, pris trois généraux, quinze colonels, vingt
drapeaux, soixante canons, et tué ou blessé au
moins six mille hommes. Les légions romaines
faisaient vingt-quatre milles par jour, nos brigades
en faisaient trente, et se battaient dans l'intervalle.

Les Autrichiens inondaient le Tyrol ; Masséna
les atteignit près de Carpénédole : il les chassa
devant lui, la baïonnette dans les reins. Joubert
les poursuivit dans les gorges ; la neige couvrait les

précipices. Les Français se rendirent maîtres une seconde fois de Rovérédo, de Trente, de Lavis, de Segonzano, et de Saint-Michel. Un seul de nos régiments terrassa trois mille Hongrois. Les Autrichiens demandèrent une suspension d'armes pour vingt-quatre heures ; on répondit par une nouvelle attaque. Masséna et Joubert vinrent se joindre sur la ligne du Lavisio qui couvrait Trente ; Mantoue fut alors sans espoir d'être secourue.

Le Pape, abandonné du Roi de Naples, s'était tourné vers l'Empereur, allié malheureux, dont tous les Etats en Italie étaient conquis. Le général français publia cette déclaration : " Le Pape a refusé d'exécuter les articles 8 et 9 de l'armistice : il n'a cessé d'armer et d'exciter par ses manifestes les peuples à la croisade. Ses troupes ont menacé Bologne, il a entamé des négociations hostiles avec la cour de Vienne, et confié le commandement de ses armées à des généraux autrichens."

Une armée française s'avança vers Imola ; les soldats du Pape étoient retranchés sur la rivière de Sénio, bordée d'artillerie. Le général Lannes fit enlever tous les canons à la baïonnette par ses grenadiers. Ils se portent sur Faenza ; deux ou trois coups de canon enfoncent les portes, ils entrent au pas de charge. Les lois de la guerre autorisaient à mettre cette ville au pillage. Buonaparte laissa fléchir sa colère ; il fit venir les moines et tous les ministres de la religion ; il leur rappela l'évangile, et leur persuada par la raison, sur-tout par la nécessité, de se soumettre.   Mantoue alors capitula ; la garnison déposa les armes sur les glacis.   Buonaparte permit au maréchal de Wurmser de se retirer avec l'état-major, tous ses généraux, et sept cents hommes au choix du maréchal.   On trouva dans la citadelle dix-huit mille fusils, cinq cents bouches à feu, quinze mille bombes, deux cent mille boulets, deux cents chariots, et du fer pour une somme qui montait à plusieurs millions. " Je me suis attaché, écrivit Buonaparte, à montrer la générosité française à M. de Wurmser, général âgé de soixante-dix ans, envers qui la fortune a été, cette campagne, très-cruelle ; mais qui n'a pas cessé de montrer une constance et un courage que l'histoire remarquera. Enveloppé de tous côtés après la bataille de Bassano, perdant d'un seul coup une partie du Tyrol et son armée, il ose espérer de pouvoir se réfugier dans Mantoue, dont il est éloigné de quatre à cinq journées, passe l'Adige, culbute une de nos avant-gardes à Céréa, traverse la Molinella, et arrive à Mantoue. Enfermé dans cette ville, il fait deux ou trois sorties ; toutes lui ont été malheureuses, et à toutes il étoit à la tête ; mais, outre les obstacles de nos lignes de circonvallation, hérissées de pièces de campagne, qu'il étoit obligé de surmonter, il ne pouvoit agir qu'avec des soldats découragés par tant de défaites, et affoiblis par les maladies pestilentielles de Mantoue.   Le grand nombre, qui s'attache toujours à calomnier le malheur, ne manquera p as de cher cher à persécuter M. de Wurmser."

L'armée envoyée contre le Pape avait pris le duché d'Urbin, la citadelle d'Ancône avec cent vingt pièces de canon, et Loretto, célèbre par sa Madone et son trésor. La terreur fut dans Rome; les princes faisaient transporter, tous les nuits, leurs richesses à Naples. Buonaparte était à Tolentino, qui n'est qu'à vingt lieues. Le Pape lui envoya deux cardinaux, avec son neveu, dom Louis Brachi. Il paya vingt millions en argent et dix en diamants ; il renonça à Avignon, au Comtat Vénaissin, à Bologne, à Ferrare, à la Romagne, et à la ville d'Ancône.

Le cardinal Mattei, l'un des plénipotentiaires de Pie VI, écrivit aussitôt à sa cour: " Les conditions du traité sont très-dures, et *semblables en tout à la capitulation d'une place assiégée.* C'est ainsi que s'est exprimé plusieurs fois le vainqueur, et j'ai palpité, tremblé jusqu'à présent pour Sa Sainteté, pour Rome et pour tout l'Etat. Rome cependant est sauvée, ainsi que la religion, malgré les très-grands sacrifices qu'on a faits.

Tolentino, 19 Février 1797.

A. C. MATTEI."

Buonaparte, après un tel traité, manda au Pape: " Je me félicite d'avoir pu contribuer au repos particulier de Votre Sainteté. La République française sera, j'espère, une des amies les plus vraies de Rome. J'envoie mon aide-de-camp pour exprimer à Votre Sainteté l'estime et la vénération parfaite que j'ai pour sa personne; et je la prie de croire au desir que j'ai de lui donner, *dans toutes les occasions*, les preuves de respects avec lesquels, etc."

BUONAPARTE.

Buonaparte, traversant le duché d'Urbin, envoya M. Monge à la petite République de Saint-Marin pour la rassurer et lui offrir de l'agrandir ; elle fit cette sage réponse : " Reportez au héros qui vous envoie l'hommage de notre reconnaissance ; dites-lui que la république de Saint-Marin, contente dans sa médiocrité, craint d'accepter l'offre généreuse qu'il lui fait d'agrandir son territoire ; ce qui pourrait dans la suite compromettre sa liberté." Buonaparte fit don à cette république de quatre pièces de canon, et exempta les possessions de ses citoyens dans la Romagne de toute contribution.

Piétote, autrefois le petit village d'Andés, vit naître Virgile ; il n'avoit pas moins souffert durant le siége de Mantoue que dans la guerre du triumvirat. Auguste rendit à Virgile son champ ravi par un centurion romain ; mais il avait été loué dans les Églogues : Buonaparte fit voir une grandeur plus désintéressée en réparant tous les maux de la guerre dans le domaine de ce poëte, qui ne pouvait ni chanter ses combats, ni lui donner une origine divine. Il lui fit élever un obélisque, au milieu d'un bois de chênes, de myrtes et de lauriers. La ville de Mantoue y grava ce vers, que la flatterie répéta souvent pour les moindres bienfaits.

O Meliboee, Deus nobis hæc otia fecit.

Buonaparte fut alors vraiment Roi de toute l'Italie. Les ambassadeurs, l'or en main, venaient implorer sa clémence, non dans une maison de bois, comme Priscus représente Attila, mais dans le plus beau palais de Milan ; semblable à ce chef des Huns *qui faisait un trafic continuel de la frayeur des Romains* (*). Il pensait que tout devait être soumis à ses armes. Il écrivit aux magistrats de Milan : " Les lois sont nulles sans la force. Vos premiers regards doivent se fixer sur votre organisation militaire. Il ne vous manque que des bataillons aguerris et animés du saint enthousiasme de la patrie."

Deux partis se menaçaient dans l'Assemblée uationale. Buonaparte, de la faction du Directoire opposée à Pichegru, mais trop éloigné pour faire avancer son armée sur Paris, envoya les plus violentes adresses ; " Tremblez, disait-il, vils soutiens du despotisme, refractaires de la liberté, lâches assassins, sicaires royalistes ; nous vous avons jugés à mort." Qu'on compare ce ton d'un jacobin furieux avec le respect qu'il voulut imposer aux peuples pour la Majesté des Rois quand il fut Empereur. J'ai parlé ailleurs de cette révolution dans le gouvernement de la République (19 Fructidor an V) ; (†) elle apprit à Buonaparte à renverser les mêmes hommes dont l'imprudence implorait son secours.

______

(*) Montesquieu, Décadence des Romains.
(†) Voyez l'Histoire du général Moreau, page 44.

CHAPITRE XI.

*Passage de la Piave et du Tagliamento. Combat
dans les gorges de Neumark. Lettre de Buonaparte au prince Charles. Signature des préliminaires du traité de paix.*

" LES combats de Buonaparte avec les Autrichiens,
dit le général Pommereul, qui le premier écrivit
les Campagnes d'Italie, ressemblaient à ceux
d'Hercule contre l'hydre de Lerne ; leurs armées
étaient à peine detruites qu'elles semblaient renaî-
tre." L'archiduc Charles venait de forcer à la retraite deux armées commandées en Allemagne par
Moreau et Jourdan. L'Empereur espéra les mêmes
succès en Italie en plaçant ce jeune prince de sa
maison à la tête de la plus grande armée qu'il eût
encore rassemblée. Depuis la bataille de Rivoli,
Buonaparte étoit aux bords de la Piave ; le prince
autrichien occupait l'autre rive. Il avait placé son
centre derrière le Cardevole, et appuyait sa droite
à l'Adige, du côté de Salerne. Deux corps d'armée
français passèrent la Piave, malgré la profondeur
et la rapidité de l'eau, vis-à-vis le village de Vidor.
Masséna fondit, à Sacile, sur l'arrière-garde ennemie, lui prit sept cents hommes et le général Lusi-
gnan. Bernadotte, des bords du Rhin, arrivait
à la tête de vingt mille hommes. Sa marche à tra-

vers les Alpes n'était pas même soupçonnée par le général de l'Empereur, quand Buonaparte, qu'on croyait devant Rome, mena ces nouveaux soldats aux bords du Tagliamento. L'infanterie, soutenue par les granadiers, et flanquée par la cavalerie, passa le fleuve, le canon tonnant sur les deux ailes. Le déploiement et la promptitude de la manœuvre épouvantèrent l'armée ennemie. Dans sa retraite précipitée, elle abandonna, à Goritz, quinze cents malades dans les hôpitaux, tous ses magasins de vivres et de munitions. Masséna, attaqué à Tarvis par une division, la mit en déroute et lui prit trois généraux. Le combat se donna au-dessus des nuages, sur une montagne qui domine l'Allemagne et la Dalmatie.

Une autre colonne ennemie avait été poussée jusqu'à la Chinse. Ce poste retranché fut enlevé de vive force ; les cinq cents grenadiers qui l'avaient défendu devaient être passés au fil de l'épée par le droit de la guerre ; mais l'armée française avait toujours méconnu ce droit barbare. Cette colonne, dans sa fuite, s'engagea imprudemment dans les défilés de la Carinthie : elle tomba au milieu de la division de Masséna, qui la fit toute prisonnière, avec quatre généraux, trente pièces de canon, et quatre cents chariots portant tout le bagage de l'armée.

Joubert avait soumis le Tyrol, tué dix mille ennemis, et tout dissipé devant lui jusqu'à Brixen. Ce fut là que Dumas, général de cavalerie, seul, à l'entrée d'un pont, arrêta, pendant plusieurs minutes un escadron autrichien. Buonaparte, entré à Clagenfurth, capitale de la haute et basse Carinthie, envoya un corps de cavalerie le long de la vallée de la Drave pour opérer sa jonction avec Joubert. Masséna rencontra l'arrière-garde ennemie dans les gorges entre Freisach et Neumark ; il la renversa de toutes les positions qu'elle voulut disputer. Le prince Charles fit avancer huit bataillons de grenadiers, l'élite de son armée ; leur artillerie ne retarda que d'un instant leur défaite ; ils laissèrent le champ de bataille tout couvert de morts et de prisonniers. Les Autrichiens, atteints par tout, firent leur retraite sans livrer de combats. Buonaparte était à vingt-huit lieues de Vienne quand il s'arrêta au milieu de ses victoires ; il écrivit au prince Charles (*) :

Au quartier-général de Clagenfuth,
le 11 germinal an V.

An V.
1797.

    " Monsieur le Général en chef (†).

    " Les braves militaires font la guerre et désirent la paix. Celle-ci ne dure-t-elle pas depuis six ans ?

(*) On peut voir dans l'Histoire du général Moreau P. 41, ce qui fit hâter la paix à Buonaparte. On craint de se répéter.

(†) Buonaparte refuse au frère de l'empereur le titre de prince qu'il prodigua depuis à tant de républicains. Il y a eu chez les Français quelque chose de plus rare que les succès dans la guerre, c'est de se ressembler à eux-mêmes.

Avons-nous assez tué de monde et fait assez de maux
à la triste humanité? Elle réclame de tous côtés.
L'Europe, qui avait pris les armes contre la République française, les a posées : votre nation reste seule,
et cependant le sang va couler plus que jamais. Cette
sixième campagne s'annonce par des présages si-
nistres. Quelle qu'en soit l'issue, nous tuerons de
part et d'autre quelques milliers d'hommes de plus,
et il faudra bien qu'on finisse par s'entendre, puisque tout a un terme, *même les passions haineuses.*

" Le Directoire exécutif de la République française avait fait connoître à S. M. l'Empereur le
désir de mettre fin à la guerre qui désole les deux
peuples ; l'intervention de la cour de Londres s'y
est opposée. N'y a-t il donc aucun espoir de nous
entendre ? Et faut-il, pour les intérêts ou les passions d'une nation étrangère aux maux de la guerre,
que nous continuions à nous entr'égorger ? Vous,
monsieur le Général en chef, qui, par votre naissance, approchez si près du trône et êtes au-dessus
de toutes les petites passions qui animent souvent
les ministres et les gouvernements, êtes-vous décidé
à mériter le titre de bienfaiteur de l'humanité entière et de vrai sauveur de l'Allemagne ? Ne croyez
pas, monsieur le général en chef, que j'entende par
là qu'il ne vous soit pas possible de la sauver par la
force des armes : mais, dans la supposition que les
chances de la guerre vous deviennent favorables,
l'Allemagne n'en sera pas moins ravagée. Quant à

moi, monsieur le général en chef, si l'ouverture que j'ai l'honneur de vous faire peut sauver la vie à un seul homme, je m'estimerai plus fier de la couronne civique que de la triste gloire qui peut revenir des succès militaires. Je vous prie de croire, monsieur le Général en Chef, aux sentimens d'estime et de considération avec lesquels je suis, etc., etc."

Réponse de l'Archiduc Charles.

" Monsieur le Général,

" Assurément, tout en faisant la guerre et en suivant la vocation de l'honneur et du devoir, je désire, ainsi que vous, la paix, pour le bonheur des peuples et de l'humanité.

" Comme néanmoins, dans le poste qui m'est confié, il ne m'appartient pas de scruter ni de terminer la querelle des nations belligérantes, et que je ne suis muni de la part de S. M. l'Empereur d'aucun plein pouvoir pour traiter, vous trouverez naturel, monsieur le général, que je n'entre avec vous dans aucune négociation, et que j'attende des ordres supérieurs sur un objet de si haute importance et qui n'est pas foncièrement de mon ressort.

" Quelles que soient, au reste, les chances futures de la guerre, ou les espérances de la paix, je vous prie, monsieur le Général, de vous persuader de mon estime et d'une considération distinguée."

Deux heures après qu'il eut envoyé cette réponse, le prince Charles fit demander à Buonaparte, qui marchait sur Freisach, une suspension de vingt quatre heures. Le général français, comprit que l'Archiduc voulait gagner du temps pour se réunir à un gros corps d'armée qui venait du Tyrol ; il rejeta sa proposition et marcha jour et nuit sur Scheifling où il rendit leur jonction impossible. On craignit à Vienne les horreurs d'un siége. Le prince Charles avait trompé les dernières espérances de la cour et de la nation ; il semblait encore plus malheureux que Beaulieu, Provera, Wurmser et Alvinzi. Buonaparte, se préparait à des mesures décisives, quand les généraux Bellegarde et Morveldt, vinrent lui demander, dans son camp, une suspension d'armes de dix jours, " afin, dirent-ils, de lever les longueurs et les obstacles que la continuation des hostilités ferait éprouver aux négociations qui devaient rétablir la paix, entre les deux nations. Buonaparte après avoir réuni son armée sur une ligne, qui s'étendait, depuis la vallée de la Drave du coté de Spital, à Rotenmann, le long de la Murhr, Bruck, Gratz et jusqu'auprès de Vienne, signa à Léoben, le 16 Avril, 1797, les préliminaires de paix avec MM. de Bellegarde et de Morveldt ministres plénipotentiaires de l'Empereur. Tout ce qui avait été déclaré département français par les lois de la Convention restait à la République française ; l'Empereur renonçait à la Belgique ; la République lombarde était confirmée. " Cette dernière campagne contre le Prince Charles," dit M. de Pommereul, fut la guerre des

Titans; les Français surmontèrent tous les obstacles de l'art et de la nature, ils s'enfoncèrent dans des régions inconnues et pénétrèrent dans des contrées que Charlemagne seul avait pu faire voir à leurs ancêtres."

Trois divisions françaises restèrent sur les frontières d'Allemagne sous le commandement de Bernadote. Ce général, qui gouvernait le Frioul, en mérita la reconnaissance par un de ces traits de probité politique qu'on loue plus qu'on ne les imite. Pendant l'armistice, plusieurs des premiers citoyens du Frioul et de l'Etat vénitien, vinrent lui offrir de former tous les habitans en bataillons pour servir contre l'Autriche si les hostilités recommençaient. Bernadote, qui savait qu'on pouvait céder leur pays à l'Empereur d'Allemagne, sut les dissuader en leur cachant son motif. Il calma leur ardeur guerrière; il prévoyait combien ce zèle pour la France leur serait funeste s'ils passaient sous la domination autrichienne. Avant son départ il écrivit au Gouvernement : " Ne souffrez pas que personne soit persécuté pour les opinions qu'il aurait manifestées. C'est une liberté qui nous vient de la nature. Les tyrans les plus odieux sont ceux qui feignent de servir la cause de la liberté pour s'élever au despotisme." Le Gouvernement de Frioul lui répondit : " C'est en déployant sur notre pays les soins les plus bienfaisans que vous avez acquis une gloire d'autant plus précieuse qu'elle est à vous seul, et que vos soldats, vos officiers ne peuvent aspirer à la partager comme celle des armes."

Bernadote, vint à Paris et présenta au Gouvernement les drapeaux pris aux Autrichiens. Buonaparte, écrivit au Directoire : " Cet excellent général, qui a fait sa réputation sur la rive du Rhin, est aujourd'hui un des officiers les plus essentiels à la gloire de l'armée d'Italie. Dans toutes les occasions, ses soldats ont culbuté ce qui était devant eux. Au passsage du Tagliamento, comme à l'attaque de Gradisca, ils ont montré ce courage et ce zèle ardent pour la gloire nationale qui distinguent les armées de la République."

" Vous, voyez dans le général Bernadote, un des amis les plus solides de la République ; incapable par principe comme par caractère de capituler avec les ennemis de la liberté, *pas plus* qu'avec l'honneur." (*)

" BUONAPARTE."

Un second traité, conclu à Campo-Formio, donna Venise à l'Autriche : la France garda Mayence, Manheim et Philisbourg. Par là elle commença à dominer l'Empire Germanique. Cette brillante campagne fut terminée en treize mois ; elle fit

---

(*) Nous avons laissé ce barbarisme : Il faudrait : " aussi incapable de capituler etc."

1

périr deux cent mille Français. Buonaparte demanda alors un congé pour calmer les défiances du Directoire. " Je demande, lui écrivit-il, du repos après avoir justifié la confiance du Gouvernement et acquis plus de gloire qu'il n'en faut peut-être pour être heureux. La calomnie s'efforcera envain de me preter des intentions perfides; ma carrière civile sera, comme ma carrière militaire, conforme aux principes républicains."

Quelque temps auparavant, Véronne s'était soulevée; Buonaparte fit forcer les portes de la ville à coups de canons. Il avait ordonné qu'on livrât la ville au pillage pour punir les Véronnais d'avoir trempé leurs mains dans le sang de quelques Français. Son lieutenant plus humain n'exerça aucune de ces barbaries qui signalent l'entrée d'un vainqueur irrité. Quelque temps après, Venise suivit cet exemple. Buonaparte écrivit au Doge :" Croyez-vous que quand j'ai pu porter nos armes, au cœur de l'Allemagne, je n'aurais pas la force de faire respecter ici le premier peuple du monde ? pensez-vous que nos braves légions puissent souffrir les massacres que vous excitez ? le sang de nos frères d'armes sera vengé. Je vous offre la guerre ou la paix." A peine eut-il envoyé cette déclaration, qu'un de ses corps d'armée entra dans la ville, renversa le Lion de Saint-Marc, établit le gouvernement démocratique, vida les magasins, prit les vaisseaux et livra cette malheureuse République aux généraux de l'Empereur, en vertu des articles secrets du traité de Campo-Formio.

Ses proclamations et les écrivains qui célébraient ses conquêtes avaient fait retentir le nom de Buonaparte, plus souvent que ceux de Pichegru et de Moreau. Les peuples, que le bruit de la renommée frappe plus que la vraie grandeur, proclamèrent Buonaparte le premier général de la République. Cependant Pichegru avait commencé le cours de nos victoires par la reprise de nos places fortes du Rhin et du nord, par la conquête de la Hollande sur la glace, où les élémens parurent complices de la valeur des Français : Moreau avait livré de plus savantes batailles dans les défilés et sur les sommets de la montagne de la Forêt noire, il avait passé de plus grands fleuves et fait une retraite à laquelle on ne trouve rien de comparable dans l'histoire. Mais ces généraux ne composaient point de proclamations dans le style sauvage d'Ossian. Ils écrivaient aussi simplement que Turenne. (*)

(*) Après une de ses victoires les plus glorieuses, Turenne mandait à sa femme : " Les ennemis sont venus à nous, ils ont été battus ; Dieu en soit loué ! j'ai un peu fatigué toute la journée ; je vous donne le bon soir et je vais me coucher."

CHAPITRE XII.

Fête donnée par le Directoire. Discours de M. de Talleyrand, Ministre des relations extérieures, et de Buonaparte.

20 Frimaire an VI. Au fond de la cour du palais du Luxembourg (*), s'elevait l'autel de la Patrie, surmonté des statues de la Liberté, de l'Egalité et de la Paix. De chaque côté, était un vaste amphithéâtre pour les spectateurs, entouré de drapeaux des diverses armées de la république. Une symphonie guerrière est interrompue par les cris de *vive le libérateur de l'Italie, le pacifiquateur du continent.* Des musiciens entonnent l'hymne de la Liberté. Le général Buonaparte, parvenu au pied de l'autel de la Patrie, est présenté au directoire par le ministre des relations extérieures (†), qui prononce ce discours :

" Citoyens directeurs,

" J'ai l'honneur de présenter au directoire le citoyen Buonaparte, qui apporte la ratification du traité de paix conclu avec l'Empereur.

(*) Moniteur du 22 Frimaire an 6, n° 82.
(†) M. de Talleyrand.

" En nous apportant ce gage certain de la paix, il nous rappelle, malgré lui, les innombrables merveilles qui ont amené un si grand événement; mais qu'il se rassure. Je veux bien taire en ce moment tout ce qui fera l'honneur de l'histoire et l'admiration de la postérité; je veux même ajouter, pour satisfaire à ses vœux impatiens, que cette gloire, qui jette sur la France entière un si grand éclat, appartient à la révolution. Sans elle, en effet, le génie du vainqueur de l'Italie eût langui dans de vulgaires honneurs. Elle appartient au gouvernement qui, né comme lui de cette grande mutation qui a signalé la fin du dix-huitième siècle, a su deviner Buonaparte et le fortifier de toute sa confiance; elle appartient à ces valeureux soldats dont la liberté a fait d'invincibles héros; elle appartient enfin à tous les Français dignes de ce nom : car c'était aussi, n'en doutons point, pour conquérir leur amour et leur vertueuse estime, qu'il se sentait pressé de vaincre; et ces cris de joie des vrais patriotes à la nouvelle d'une victoire, reportés vers Buonaparte, devenaient là les garans d'une victoire nouvelle. Ainsi tous les Français ont vaincu en Buonaparte, ainsi sa gloire est la propriété de tous, ainsi il n'est aucun républicain qui ne puisse en revendiquer sa part.

" Il est bien vrai qu'il faudra lui laisser ce coup-d'œil qui dérobait tout au hasard, et cette prévoyance qui le rendait maître de l'avenir, et ces soudaines inspirations qui déconcertaient, par des ressources inespéreés, les plus savantes combinaisons de l'ennemi, et cet art de ranimer en un instant les courages ébranlés, sans que lui perdît rien de son sang-froid, et ces traits d'une audace sublime qui nous faisaient frémir encore pour ses jours long-temps après qu'il avait vaincu, et cet héroïsme si nouveau qui, plus d'une fois, lui a fait mettre un frein à la victoire, alors qu'elle lui promettait ses plus belles palmes triomphales. Tout cela sans doute était à lui ; mais cela encore était l'ouvrage de cet amour insatiable de la patrie et de l'humanité ; et c'est là un fond toujours ouvert que les belles actions, loin de l'épuiser, remplissaient chaque jour davantage, et d'où chacun pourra tirer des trésors de vertu, de grandeur véritable et de magnanimité.

" On doit remarquer, et peut-être avec quelque surprise, tous mes efforts en ce moment pour expliquer, pour atténuer presque la gloire de Buonaparte ; il ne s'en offensera pas. Le dirai-je ? J'ai craint un instant pour lui cette ombrageuse inquiétude qui, dans une république naissante, s'allarme de tout ce qui semble porter une atteinte quelconque à l'égalité. Mais je m'abusais ; la grandeur personnelle, loin de blesser l'égalité, en est le plus beau triomphe, et dans cette journée même, les républicains français doivent tous se trouver plus grands.

" Et quand je pense à tout ce qu'il a fait pour se faire pardonner cette gloire, à ce goût antique de la simplicité qui le distingue, à son amour pour les sciences abstraites, à ses lectures favorites, à ce sublime Ossian qui semble le détacher de la terre ; quand personne n'ignore son mépris profond pour l'éclat, pour le luxe, pour le faste, ces misérables ambitions des âmes communes ; ah ! loin de redouter ce qu'on voudrait appeler son ambition, je sens qu'il nous faudra peut-être le solliciter un jour pour l'arracher aux douceurs de sa studieuse retraite. La France entière sera libre : peut-être lui ne le sera jamais : telle est sa destinée. Dans ce moment un nouvel ennemi l'appelle ; il est célèbre par sa haine profonde pour les Français, et par son insolente tyrannie envers tous les peuples de la terre. Que par le génie de Buonaparte il expie promptement l'une et l'autre, et qu'enfin une paix digne de toute la gloire de la république soit imposée à ces tyrans des mers, qu'elle venge la France et qu'elle rassure le monde."

La contenance simple et modeste du héros de l'Italie contrastait avec sa grande réputation (*). Il se fait un profond silence ; ce négociateur guerrier remet le traité de paix au président du Directoire et dit :

" Citoyens directeurs,

" Le peuple français, pour être libre, avait les rois à combattre.

(*) Moniteur du 22 Frimaire an 6, n° 82.

« Pour obtenir une constitution fondée sur la raison, il avait dix-huit siècles de préjugés à vaincre.

« La constitution de l'an 3, et vous avez triomphé de tous ces obstacles.

« La religion, la féodalité et le royalisme ont successivement gouverné l'Europe ; mais de la paix que vous venez de conclure, date l'ère des gouvernemens représentatifs.

« Vous êtes parvenus à organiser la grande nation, dont le vaste territoire n'est circonscrit, que parce que la nature elle-même en a posé les limites.

« Vous avez fait plus.

« Les deux plus belles parties de l'Europe, jadis si célèbres par les arts, les siences et les grands hommes dont elles furent le berceau, voient avec les plus grandes espérances le génie de la liberté sortir des tombeaux de leurs ancêtres.

« Ce sont deux piédestaux sur lesquels les destinées vont placer deux puissantes nations.

« Lorsque le bonheur du peuple français *sera assis sur les meilleures lois organiques*, l'Europe entière deviendra libre. »

Le ministre des relations extérieures donna un superbe festin au général Buonaparte. On remarqua dans les billets d'invitation, adressés à plus de cinq cents personnes, ces mots : « Vous jugerez convenable, j'en suis sûr, de vous interdire tout habillement provenant des manufactures anglaises. » Presque toutes les dames négligèrent cet avis ; on les vit, au souper, en robes de perkale et en cachemires de Londres.

NOTES.

Les opérations de Buonaparte ont été jugées diversement par M. le général Duhesme dans son *Essai sur l'Infanterie Légère* imprimé en 1814, et dans *le Tableau Historique et Raisonné des Guerres de Buonaparte,* par M. Michaud de Villette. Le premier a écrit plus en guerrier, le second plus en philosophe. Nous allons les opposer l'un à l'autre. Les lecteurs décideront.

Le Général Duhesme.

(*) *Page.* 60— " Napoléon créa une tactique ; il substitua la guerre de colonnes et de mouvemens à celle de lignes et de positions, qu'on avait jusqu'alors adoptée. Ses divisions inégales, tantôt portées à tous les débouchés, y présentent des têtes menaçantes ; tantôt réunies rapidement sur un seul point, emportent comme des torrens tout ce qui leur est opposé. Toujours en marche, elles inquiètent, harcellent et détruisent leur ennemi avant qu'il ait le temps de connaître le nombre, le dessein ou l'ordonnance des troupes qu'il a combattre. La ligne que les Autrichiens unis aux Piémontais tiennent, de la Bochetta à la Vallée d'Oneille, est d'abord menacée dans toutes cette étendue ; elle est percée, à la bataille de Millesimo, et la victoire de Dego, en renvoyant les Autrichiens sur Tortone, les sépare des Piémontais. Leurs camps retranchés derrière le Tanaro et la Stura, les places de Chirasco et de Mondovi ne peuvent plus les rassurer. Le Roi de Sardaigne se trouve trop heureux de céder les places que le général français lui désigne, pour avoir le

Campagne dans le Piémont.

(*) Les chiffres marquent le renvoi aux pages de cette première partie, auxquelles les notes se rapportent.

temps de faire une paix séparée ; Buonaparte suivit, sans s'arrêter un instant, le projet de l'invasion du Milanèz."

M. Michaud de Villette.

Page 60.—" Buonaparte âgé de vingt six-ans, n'ayant jamais commandé un régiment en ligne, se trouve tout à coup à la tête de soixante mille hommes.   Il faut avouer que dans cette campagne, véritablement glorieuse pour les armées françaies, il alla au delà de ce qu'on aurait pu attendre du général le plus experimenté."

Campagne dans le Piémont.

" On vit pour la première fois les armées se mettre en campagne sans effets de campement, sans magasins de vivres, sans équipages, sans hôpitaux. Cette nouvelle manière de faire la guerre si funeste aux pays que parcourent les armées, si destructives aux armées elles-mêmes, si contraire aux droits des gens et à toutes les lois de l'humanité, avait alors des inconvéniens moins graves, parce que les armées étaient moins nombreuses."

" Buonaparte profita de la faute qu'avait commise le général autrichien en ne liant pas assez ses opérations à celle des Piémontais; il sépara pour toujours les deux armées alliées. On ne peut douter que ce plan n'eût été formée par des hommes déjà célèbres par de grandes conceptions. Mais ce qui n'a pu être prescrit à Buonaparte, c'est l'ordre de ses marches et les dispositions de ses attaques, la direction de ses colonnes, tantôt portées à tous les débouchés, y présentant des têtes menaçantes, tantôt réunies avec rapidité sur un seul point et accablant de tout leur poids un corps isolé, harcelant, coupant les différens corps de l'armée ennemie. Telle est cette guerre de mouvement dont Buonaparte a été proclamé l'inventeur, et qui lui a si bien réussi jusqu'à ce que des hommes attentifs aient deviné son secret. Epuisé par tant de marches et de combats inutiles, il a dû succomber devant des armées innombrables, et conduites suivant les principes invariables de la vraie tactique."—" Il a dit quelquefois à ses soldats qu'il aimait mieux remporter des victoires *avec le secours de leurs jambes qu'au prix de leur sang.* Nous verrons plus tard comment il a suivi cette maxime. Tant que ce malheureux pays ne fut pas entièrement épuisé d'hommes, Buonaparte devait être invincible. Lorsque deux cent mille hommes avaient péri, il revenait à la charge avec trois cent mille autres combattans, et lorsqu'ils avaient succombé à leur tour, il arrachait encore à leurs familles un pareil nombre de victimes! C'est ainsi que pendant dix-huit ans il a prodigué la fortune et le sang des Français."

" Cette guerre de manœuvres, de lignes et de positions, cette guerre des Turenne, des Villars et des Moreau, Buonaparte ne sut jamais la faire. Ce fut toujours par le chemin le plus court, quoi qu'il dût en coûter aux siens, qu'il voulut aller à la victoire. Poussant des colonnes serrées sur des batteries, les faisant même attaquer par des escadrons, il a presque toujours triomphé de la modération et de la prudence par la fureur et l'obstination."

Le Général Duhesme.

" Toutes les troupes françaises, après avoir passé le Pô, viennent se réunir par plusieurs colonnes devant Lodi, dont le pont sur l'Adda fut forcé avec tant d'audace et de bonheur devant toute une armée rangée en bataille."

Bataille de Lodi, page 95.

M. Michaud de Villette.

" A Lodi, rien n'eût été plus facile à Buonaparte que d'établir un pont sur un autre point, de trouver un gué. En 1705, le Prince Eugène, après avoir fait quelques efforts inutiles contre le Duc de Vendôme, aima mieux renoncer à ce passage que de sacrifier ses soldats comme un vil bétail. Si le général Beaulieu eût bien connu toute l'audace de son rival, il eût défendu la ville par une arrière-garde plus nombreuse; les Autrichiens auraient eu le temps de couper le pont au besoin et de mettre le feu à la ville en cas de retraite. Toutes les dispositions de Beaulieu indiquent que, loin de craindre une bataille, il s'était arrangé pour la recevoir. Mais son armée, qui se trouvoit dans une si belle position, ne fit pas son devoir, et l'armée

Bataille de Lodi.

française, qui l'y attaqua avec tant de témérité, fit le sien au-
delà de tout ce que devait attendre son imprudent général. Elle
jugea le danger mieux que lui, car elle eut un moment d'hésita-
tion."

Le Général Duhesme.

Page 98 et 108.

"Beaulieu, rejeté de l'Adda derrière le Mincio, se croyait
inexpugnable entre les places de Mantoue et de Pescaire, mais il
ne put s'y maintenir; des colonnes portées à Salo et à Desinzano
menacent en même temps Pescaire et la route du Tyrol, et le
forcent de s'étendre. Buonaparte en profite, et le passage de
Borghetto est forcé. Poursuivre Beaulieu, le contraindre à repasser l'Adige, s'emparer du cours de ce fleuve, menacer le Tyrol
former le blocus et préparer le siége de Mantoue, soumettre Bo-

Victoires de Borghe-to et de Mantoue.

logne et la légation romaine, humilié les Anglais dans le port
de Livourne, fut un jeu de l'activité inconcevable de ce général
extraordinaire. Il devait montrer à l'Europe toutes les ressources de ce génie qui sait ramener la fortune. On apprend qu'il
est investi de toute part, aux environs de Mantoue. Un
autre général eût cru devoir songer à la retraite, et si, avec des
pertes médiocres, il eût pu venir prendre une ligne derrière
l'Adda, on aurait encore applaudi à ses talens. Buonaparte se
trouvait entre deux armées dont il ne pouvait espérer la défaite,
s'il les laissait se réunir, mais qu'il pouvait battre isolément.

Levée du Siége de Mantoue ; bataille de Castiglione

Ainsi lever le siége de Mantoue avec rapidité, en abandonner
même l'artillerie, repasser le Mincio, réunir toutes ses divisions
aux environs de Lonato, marcher contre les colonnes autri-
chiennes qui étaient entrées à Brescia, les en chasser si rapidement qu'il y retrouva nos bagages et nos malades, leur couper
toute retraite par la reprise de Salo et en occupant Gavardor, re-
pousser, après cela, Wurmser de Lonato et de Castiglione, battre
ses détachemens à Desinzano et à Governolo, tels furent les préliminaires de la bataille de Castiglione, où, par le mouvement
d'une division venue de Macaria, il tourna si habilement la
gauche de son ennemi ; forcer ensuite le passage du Mincio, re-

preudre Pescaire, Vérone, investir de nouveau Mantoue, revenir aux anciennes positions en renvoyant l'armée au-delà de l'Adige, tels en furent les résultats.

" Toutes ces opérations furent le fruit de cette guerre de mouvement qu'il savait calculer avec tant de précision et exécuter avec tant de rapidité. Une seule semaine suffit à tant de victoires. Wurmser, retiré derrière la Brenta dont il avait fortifié les bords près de Bassano, crut que Buonaparte lui laisserait attendre l'arrivée des secours qu'on devait lui envoyer par les Alpes Noriques ; il espérait qu'il aurait encore le temps d'aller tenter de nouveau la délivrance de Mantoue, et il avait cru préserver le Tyrol en laissant une division dans les gorges de l'Adige. C'est cette division que Buonaparte détruisit par les combats qu'il donna sur les deux rives du fleuve, pour pénétrer, en le remontant, jusqu'au-delà de Trente, d'où passant les cols des montagnes où la Brenta prend sa source, il vint, en la descendant, tourner et surprendre Wurmser à Bassano, forcer Vicence, Padoue, et forcer le général autrichien à se réfugier sur Mantoue avec dix mille hommes, restes de son armée. *(Victoire dans les gorges de la Brenta)*

" Dans cette guerre, les demi-brigades d'infanterie légère, éclairant, couvrant les colonnes, combattant sans cesse, semblaient avoir trouvé un théâtre fait pour elles dans les apretés des Apennins, dans la plaine coupée et couverte du Pô, et dans les vallées de l'Adige et de le Brenta. *(De l'infanterie de ligne sous Buonaparte)*

" Peu ou point de déploiement. Les brigades de ligne, serrées en masse par division, sur trois ou six bataillons de hauteur, heurtaient l'ennemi de front, tandis que l'infanterie, légère gagnait les flancs, couronnait les hauteurs, portait le trouble et la confusion, par ses tirailleurs, sur les derrières de l'ennemi, gênait et souvent interceptait toute retraite. Ainsi es dragons, créés en Italie par le meréchal de Brissac pour combattre à pied et à cheval, furent rendus, en Italie, à leur première destination. *(Manœuvre de l'armée.)*

" On avait donné à la bataille que François I. gagna contre les Suisses, à Marignan, le nom de *bataille de géans*, parceGu'elle dura deux jours. Quel nom donner à celles du vainqueur de l'Italie, qui duraient pendant six jours, et dont les résultats étaient la ruine de l'armée ennemie et une masse de prisonniers qu'on comptait par vingt ou trente mille ?

" Nous qui combattions aux armées du Rhin, marchant méthodiquement d'une position à l'autre, abordés, ou abordant l'ennemi sur un front très-étendu et presque égal, repoussés ou repoussant avec une perte de cinq à six cents hommes, et regardant, comme de grands trophés, quatre à cinq mille prisonniers nous ne pouvions concevoir comment l'armée d'Italie pouvait faire ces énormes masses de prisonniers de guerre; loin du théâtre de ces brillantes opérations, occupés à combattre nous n'avions pas le temps d'étudier et d'approfondir le sublime de cette guerre de mouvement que Buonaparte venait d'y créer. Notre étonnement fut au comble, quand, au milieu de l'hiver, nous entendîmes le fracas des défaites successives de deux armées impériales que d'Alvinzi voulut porter encore au secours de Mantoue." (Extrait de l'Essai Historique sur l'Infanterie Légère, par M. le Comte Duhesme).

M. Michaud de Villette.

Page 98 et 108.

" Il faut blâmer Buonaparte de s'être placé, tant de fois, dans une position où le sort de son armée entière a dépendu d'un mouvement ou de la moindre de ces circonstances dont on n'est jamais le maître à la guerre. S'il eût alors perdu un seul des nombreux combats qu'il fut obligé de livrer, il était à jamais renversé. L'Italie semblait prête à se soulever, et en France on répandait mille bruits fâcheux sur le sort d'une armée en effet très-compromise.

Victoires dans les gorges de la Brenta

" Les succès de Buonaparte dans les gorges de la Brenta et du Tyrol n'en sont pas moins remarquables. L'armée autrichienne lui opposa une résistance opiniâtre dont il triompha par le courage, la fatigue et le sang de ses soldats. Wurmser ne sut pas deviner la méthode de son adversaire ; il ne comprit rien à ses mouvemens continuels, à ses crochets, à ses changemens de direction imprévus.

" A la bataille d'Arcole, Alvinsi commit la même faute que Wurmser, en étendant sa ligne d'attaque depuis le Bas-Adige jusqu'aux gorges du Tyrol. Comme à Lodi, les généraux payèrent de leur personne, et les soldats furent entraînés par leur exemple; ils furent repoussés trois fois avec une grande perte, jusqu'à ce que le général Gnieux, qui était allé passer la rivière sur un autre point, pour tourner la position, eût paru sur la gauche d'Arcole et se fût emparé de ce village après une foible résistance. Ainsi fut démontrée trois fois l'inutilité des attaques de front, si terribles et si sanglantes. Buonaparte, dans son rapport, cherche à s'excuser, en disant qu'il eût été dangereux d'attendre plus long-tems. Mais n'est-il pas vrai que malgré ses attaques meurtrières, il n'obtint de résultat que lorsque le mouvement du général Gnieux fut achevé ? Quel est le souverain qui permettrait à ses généraux un aussi cruel emploi de la valeur de ses troupes ?

" A la bataille de Rivoli, Buonaparte se trouvant, pour la troisième fois, devant des forces plus nombreuses, montra la même présence d'esprit, et pour la troisième fois il se servit, à quelques circonstances près, des mêmes manœuvres contre les Autrichiens, qui commirent les mêmes fautes. Ayant à faire face en même temps du côté de la Romagne, et de la Toscane, vers les gorges du Tyrol et de la Brenta, sur le Pô et sur l'Adige, se trouvant enfin dans la nécessité d'observer et de contenir la place de Mantoue défendue par une armée, il voit tous les dangers auxquels il est exposé, et saisit rapidement le point sur lequel Alvinzi va faire ses plus grands efforts. Cette direction imprévue et la bonne contenance de ses troupes décidèrent la victoire.

" Ainsi fut terminée une campagne beaucoup plus glorieuse, mais aussi beaucoup plus meurtrière que toutes celles qui l'avaient précédée. Buonaparte y fit des choses véritablement extraordinaires, et l'on ne doit pas être étonné que l'Europe entière en ait été frappée d'étonnement. Qu'elle immense différence entre Buonaparte, général de la République en 1799, et Buonaparte, empereur, commandant ses propres armées, en 1813. Comment l'homme qui a été capable de pareils exploits dès le début de sa carrière, a-t-il pu faire ensuite des fautes aussi grossières, se livrer à des entreprises si ridicules ?

Derniers combats dans la Carinthie et la Carniole

« L'armée du Prince Charles était de quatre-vingt mille hommes ; l'armée française n'était pas plus nombreuse, mais ses soldats étaient plus forts et mieux aguerris ; ils écrasèrent les Autrichiens par la supériorité de leur feu, l'ordre et la célérité de leurs marche et de leurs déploiemens. Il n'y eut d'autre plan que d'aller droit à l'ennemi, d'attaquer en même temps et avec la même impétuosité par le centre et par les ailes.

« L'Archiduc fit beaucoup en ne se laissant pas entamer, en cédant le terrain sans précipitation ni désordre, dans un pays coupé par des montagnes et des fleuves, qui, s'ils aidaient à couvrir sa retraite, la rendaient souvent dangereuse par l'impossibilité où les divisions se trouvaient presque toujours de communiquer et de se réunir. Ces difficultés étaient sans doute les mêmes pour l'armée française ; mais on sent combien un tel pays dut-offrir d'avantage à son chef pour sa guerre de colonne et de mouvemens. Cette méthode impétueuse et sanguinaire était tout-à-fait nouvelle pour l'Archiduc. Cependant la position de Buonaparte devenait plus difficile à mesure qu'il faisait des progrès. Parvenu en moins d'un mois des bords de la Brenta à ceux de la Drave, il parut s'apercevoir que, tandis qu'il avait séparé ses forces par des garnisons, l'ennemi avait concentré les siennes, qu'au moment où son armée allait manquer de vivres et de munitions, les Autrichiens s'étaient rapprochés de leurs magasins. Ce n'était pas par les montagnes de la Carinthie et de la Styrie que les Français devaient pénétrer à Vienne ; il eût été beaucoup plus simple et plus facile de diriger sur cette capitale les armées d'Allemagne sous les ordres de Hoche et de Moreau. Mais Buonaparte n'était pas homme à se laisser devancer dans une aussi brillante entreprise, eût-il dû en coûter la moitié de son, armée. Cependant il fut moins avantureux dans cette occasion, et il semble qu'il ait été dans les distinées de cet homme bizarre de montrer plus de témérité et de folie, à mesure qu'il a dû être éclairé par une plus longue expérience.

Cette fois, il parut sentir tous les dangers de sa position et, contre toute attente, ce fut lui qui écrivit le premier à l'Archiduc pour demander la paix. *(Extraits du Tableau Historique et Raisonné des Guerres de Napoléon Buonaparte, par M. Michaud de Villette).*

CHEFS-D'ŒUVRE

Enlevés à l'Italie par Buonaparte.

ON sait que Marcellus fut le premier général romain qui emporta les statues de la Sicile après l'avoir vaincue; il en embellit Rome. Fabius, après la prise de Tarente, laissa les statues et les tableaux des Dieux. Il dit à son armée avide de ces dépouilles: " Laissons aux Tarentins leurs Dieux irrités."

" Les riches Musées du Vatican et du Capitole, dit M. de Pommereul, n'auraient-ils pas été la proie du *népotisme* de quelque Pape futur, et les Anglais n'auraient-ils pas employé l'or du Gange à en priver les bords du Tibre?"

" Naples n'avait-il pas enlevé, déjà, au Palais Farnèse l'Hercule, la Flore, le Taureau et Antiope? Florence n'a-t-elle pas appelé chez elle toute la collection de la Villa Medicis? Dresde n'a-t-il pas privé Parme de la Nuit du Corrége, comme Berlin *a acheté* à Rome, ou à Paris même, tous les Antiques du Cardinal de Polignac? Le négociant Jenkins n'a-t-il pas trafiqué pour Londres d'une partie des objets rassemblés dans les Palais Négroni, Giustiani et Barberini, comme le Chevalier Hamilton, accapare à Naples les tableaux, les vases campaniens, les antiques?'

" *N'est-ce pas une excessive modération* aux Français de n'avoir pas exigé que le Pape payât au Prince Borghèse le Gladiateur, l'Hermaphrodite et d'autres pièces de son Musée?'

Que dirait M. de Pommereul de la grandeur désintéressée d'Alexandre et de ses Alliés en 1814, de n'avoir pas emporté ces chefs-d'œuvre de l'Italie comme des dépouilles, et ceux de France comme le prix de leurs conquêtes? O Alexandre, vous fûtes plus grand que Fabius!

Sculpture conquise en 1797.

L'Apollon.
Le Méléagre.
Le Torse.
L'Antinous (du Vatican.)
L'Adonis.
L'Hercule Commode.
L'Apollon des Muses.
Le Discobole.
Le Faune Flûteur.
Le Torse de Cupidon.
Le Pâris.
Le Zénon.
Le Discobole Le.
Le Jules César.
L'Auguste.
Le Tibère (en toge.)
L'Adrien.
Le Phocion.
Le Demosthène.
Le Sardanapale.
Le Sextus Hypperius.
L'Antinous (du Capitole.)
La Melpomène. ⎫ differentes
L'Uranie. ⎭ des suivantes.
La Vénus.
La Junon.
La Flore.
L'Ariadne.
La Vestale.
La Petite Cérès.
L'Amazone.
La Minerve.
La Santé.
L'Uranie.

La Terpsichore.
La Polymnie.
La Melpomène.
La Thalie.
La Clio.
La Calliope.
L'Euterpe.
L'Erato.
Le Trajan.
Le Posidipi.
Le Ménandre.
Le Berger s'arrachant une épine
    du pied.
Le Gladiateur Mourant.
La Vénus Accroupie.
La Cléopâtre.
Le Laocoon.
L'Amour et Psyché.
Jupiter.
Homère.
Alexandre.
Jupiter Sérapis.
Ménélas.
Junius Brutus.
Marcus Brutus.
L'Océan.
Caton et Porcie
Deux Sphinx.
Trois Candélabres.
Trois Autels.
Le Tombeau des Muses.
Le Tibre et divers autres Mor-
    ceaux.

Peinture.

La Transfiguration.
L'Assomption.
Le Couronnement de la Vierge.
L'Annonciation.
L'Adoration des Mages.
Le Baptême de Jésus-Christ.
La Foi, l'Espérance, la Charité.
La Résurection de Jésus-Christ.

} *De Raphael.*

La Résurection.
La Sainte Famille.
St. Augustin et la Vierge.
Le Mariage de la Vierge.
La Vierge et les Saints de Pérouse.
Les Prophètes.
Saint Benoît.
Sainte Placide.
Sainte Scholastique.
Le Père Eternel.
St. Sébastien.
St. Augustin
St. Barthélemy.
St. Paul.
St. Jean.
La Vierge.
La Déposition de la Croix.
Une Vierge.

} *De P. Perugin.*

La Circoncision.
Sainte Pétronille.
St. Thomas.

} *Du Guerchin.*

St. Jérôme.
Le Martyre de Ste. Agnès.

} *Du Dominiquin.*

La Descente de la Croix .... *Du Caravage.*

La Piété.
La Nativité. } *D'Annibal Carrache.*

St. Romuald.
Un Miracle. } *D'André Sacchi.*

Une Vierge, St. François,.......... *D'Alfani.*

La Fortune.
Le Martyre de St. Pierre. } *Du Guide.*

La Vierge...................... *De Garafolo.*

Le Martyre de St. Erasme .... *Du Poussin.*

Le Martyre de St. Gervais .... *Du Valentin.*

La Vierge de St. Jérôme.
La Vierge à l'Ecuelle. } *Du Corrège.*

Le Couronnement................. *Du Titien.*

Le St. Sébastien.................... *Du Procacini.*

Venise et Modène fournirent beaucoup d'autres tableaux et d'objets curieux.

Buonaparte envoya au Muée d'Histoire Naturelle :

L'Herbier de Haller.
La Collection des Substances Volcaniques de Spallauzani.
Les Minéraux du P. Pini, à Milan.
Les Minéraux de l'Institut de Bologne.
Les Minéraux d'Aldrovande, en seize volumes.
Les Collections de Marbres et Pierres fines de l'Institut de Bologne.
Les Figures Manuscrites d'Aldrovande, en dix-sept volumes.
Les Aiguilles de Cristal de Roche.

Objets envoyés à la Bibliothèque Nationale.

Les Manuscrits de la Bibliothèque Ambroisienne et de celle
Bréra.

Les Manuscrits de l'Abbaye de S. Salvador de Bologne.

Les Donations faites à l'Eglise de Ravenne, sur papyrus, en
490.

Les Manuscrits des Antiquités de Joseph, sur papyrus.

Les Manuscrits de l'Histoire des Papes.

Un Virgile Manuscrit ayant appartenu à Pétrarque, avec des
notes de sa main.

Les Manuscrits de la main de Galilée sur le flux et reflux, sur
les fortifications.

Le Carton des ouvrages de Léonard de Vinci.

Douze Manuscrits de Vinci sur les Sciences.

Les Tables Anatomiques de Haller, avec des additions et des
corrections de sa main.

Les Livres d'anciennes éditions, provenant des Bibliothèques
broisienne, de l'Institut de Bologne, de l'Abbaye de S. Salvador et de l'université de Pavie.

Cinq cents Manuscrits de la Bibliothèque du Vatican.

TABLE

DES CHAPITRES.

FIN.

HISTOIRE
DU GENÉRAL MOREAU.
Vól. in-8º. prix 5 schelins.

Avertissement de l'Editeur, de Londres.

Il a paru en France, depuis un an, trente-deux ouvrages historiques sur le Général Moreau. Sa vie, écrite par M. de Châteauneuf, a été la plus recherchée. On sait que le style de cet écrivain joint la clarté à la précision. C'est un des premiers mérites dans le récit des batailles, qui, d'ordinaire, fatiguent les lecteurs.

Des critiques ont reproché à M. de Châteauneuf d'avoir profité de tout ce qu'on avait publié avant lui ; on aurait dû plutôt l'en louer. " Les divers mémoires qu'on emploie, a dit un écrivain ingénieux, ne sont pas plus une histoire, que des pierres ne sont une maison. C'est à l'architecte à élever l'édifice ; M. de Châteauneuf a élevé le sien avec beaucoup d'art et de goût."

Lorsque cet ouvrage parut, on y remarqua une impartialité qu'on trouve rarement chez les historiens français. Quand ses compatriotes sont battus, l'auteur le dit sans déguisement. Il a décrit les batailles de Novi et de la Trébia gagnées par Souworow sur Joubert et Macdonald, et cette fameuse retraite d'Allemagne à laquelle l'Archiduc Charles força le Général Moreau.

La dernière partie nous a paru remarquable par le talent avec lequel l'auteur a exprimé la douleur d'un grand Monarque, à la mort du Général Moreau. Cette Histoire n'ayant pu être imprimée en France depuis la seconde usurpation de Buonaparte, on a donné cette nouvelle édition à Londres.

De Senneterre.

LETTRE DE M. BONNET,

*Avocat, Défenseur du Général Moreau devan
la Cour Criminelle de Paris.*

Paris, le 30 Août, 1814

JE n'ai voulu, Monsieur, vous remercier du cadeau précieux que vous m'avez fait de votre ouvrage, qu'après l'avoir entièrement lu. Je ne puis vous exprimer tout le plaisir qu'il m'a fait éprouver. On ne sauroit voir un tableau plus intéressant et plus animé des années de cette guerre, où le Général Moreau a eu tant de part. Le style est vif et pressé, la narration rapide; les réflexions, courtes et vives, sont presque toujours dictées par l'amour de l'humanité, et ont l'accent de l'âme. Dans la sincérité de mon cœur, je pense que c'est un très-beau morceau historique, qui fait autant d'honneur à l'âme de son auteur qu'à son esprit et à ses talens.

Je vous remercie bien, Monsieur, de ce que vous dites de moi, et du beau rôle que vous me faites jouer dans le procès; mais en vérité pourtant, c'est avec désintéressement, et, en mettant à part ce qu'il y a de flatteur pour moi, dans votre recommandation historique à la postérité, que je vous ai exprimé mes sentimens et mon opinion sur votre ouvrage.

Agréez, Monsieur, l'hommage de ma haute estime pour vos talens et de ma considération la plus distinguée pour votre personne.

BONNET.

De l'Imprimerie de R. Juigné, 17, Margaret Street, Cavendish Square.

www.ingramcontent.com/pod-product-compliance
Ingram Content Group UK Ltd.
Pitfield, Milton Keynes, MK11 3LW, UK
UKHW020207130726
13696UKWH00002B/776